"十四五"时期国家重点出版物出版专项规划项目

存量时代·城市更新丛书
庄惟敏 唐燕 | 丛书主编

包容性城市更新：
非正规居住空间治理

陈宇琳 | 著

中国城市出版社

审图号：GS京（2024）1251号

图书在版编目（CIP）数据

包容性城市更新：非正规居住空间治理 / 陈宇琳著. —北京：中国城市出版社，2024.3

（存量时代·城市更新丛书 / 庄惟敏，唐燕主编）

ISBN 978-7-5074-3687-7

Ⅰ.①包… Ⅱ.①陈… Ⅲ.①住宅市场—房地产管理—研究—中国 Ⅳ.①F299.2

中国国家版本馆CIP数据核字（2024）第050556号

责任编辑：黄　翊　徐　冉
书籍设计：锋尚设计
责任校对：王　烨

存量时代·城市更新丛书
庄惟敏　唐　燕　丛书主编

包容性城市更新：非正规居住空间治理
陈宇琳　著

*

中国城市出版社出版、发行（北京海淀三里河路9号）
各地新华书店、建筑书店经销
北京锋尚制版有限公司制版
北京中科印刷有限公司印刷

*

开本：787毫米×1092毫米　1/16　印张：8½　字数：183千字
2024年8月第一版　2024年8月第一次印刷
定价：**75.00元**
ISBN 978-7-5074-3687-7
　　（904723）

版权所有　翻印必究
如有内容及印装质量问题，请联系本社读者服务中心退换
电话：（010）58337283　QQ：2885381756
（地址：北京海淀三里河路9号中国建筑工业出版社604室　邮政编码：100037）

丛书前言

城市自诞生之日起，更新改造便伴随其发展的全过程。城市更新的内涵在不同时期侧重不同，并随着社会经济的进步而不断丰富，涉及文化传承、经济振兴、社会融合等不同目标，也涵盖保护修缮、局部改建、拆除重建等不同手段。当前，随着我国城镇化进程迈入后半程，经济社会发展和城乡空间建设面临日益复杂的挑战：全球气候变暖带来资源与环境保护的新要求、科技变革带来生产生活方式的信息化转变、人口结构调整带来社会需求的不断多元……这无疑对城乡发展方式转型和治理变革提出了新诉求。

因此，在新的存量规划时代，城市更新作为一种综合性的城乡治理手段，其以物质空间的保护和再利用等为基础，逐步担负起了优化资源配置、解决城乡问题、推进功能迭代、提升空间品质等诸多责任。2020年，国家面向"十四五"时期提出"实施城市更新行动"的全面战略部署，使得城市更新在城乡建设和城乡治理中的地位更为突显，成为助推国家与地方高质量发展的关键领域。

然而城市更新不同于新建项目，更新实践需要处理和应对更为复杂的现状制约、更加综合的改造诉求、更趋多元的利益关系等，因此在我国空间规划体系改革和经济社会转型的特殊时期，探索适应现阶段实际需求的城市更新理论、政策和实践路径势在必行。总体来看，尽管我国城市更新的实践开展日趋广泛，但依然存在系统性不足、症结问题多等困境亟待破解，对城市更新制度设计、体制机制保障、分级分类施策、精细化规划设计等的深入探究及经验总结供不应求。

首先，由于自然地理条件、经济发展水平、规划治理方式等差异，我国不同城市的更新发展阶段、制度演进与运作方式等呈现出不同特征，如深圳城市更新强调市场参与动力的激发，上海城市更新突出城市空间的综合治理，北京城市更新重在服务首都职能等。研究不同城市的更新历程与实操经验，明确不同发展阶段城市更新面临的差异化挑战，对于不同城市的更新活动推动具有实践指引意义。其次，工业用地、老旧小区、老旧商办等空间历来是城市更新的重要关注对象，随着乡村振兴战略的深入开展，村镇地区的更新改造也成为助力城乡融合和存量盘活的重要手段，因此根据这些具体更新对象探寻"针对性"的改造策略和盘活出路是城市更新战略的重中之重。不同空间对象由于功能类型、产权关系、建设特点的差异，在更新中需要处理迥异的利益博弈关系、产权转移方式、功能升级方向和空间改造需求等，导致分级、分类的更新手段和工作模式提供变得尤为重要。再者，随着广州、深圳、上海、成都等各地城市更新条例或者管理办法的相继出台，我国的城市更新进一步迈入制度化和规范化的新阶段。同时在城市更新乃至社会发展的整体过程中，正规化的制度引领和非正规化的包容性行动历来相辅相成，两股力量共同推动城市更新实践和社会治理手段的螺旋进步。

综合上述思考，立足中国实践，紧扣时代脉搏，我们组织策划了本套城市更新丛书，期望能够在梳理我国城市更新理论与实践发展状况的基础上，针对我国城市更新工作存在的"关键痛点"和"重要议题"展开讨论并提出策略建议，为推动我国存量空间的提质增效、城市更新的政策制定、国家行动的部署落地等给出相应思考。丛书从"城市治理、制度统筹、历史保护、住区更新、非正规行动、存量建筑再利用"等维度进行基于实证基础的科学探讨，主要包括《城市更新的治理创新》《城市更新制度与北京探索：主体—资金—空间—运维》《城镇老旧小区改造实践与创新》《包容性城市更新：非正规居住空间治理》《存量更新与乡土传承》等卷册，特色不一。

丛书已经成稿的各卷，选题聚焦当前我国城市更新领域的重点任务和关键问题，对促进我国城市更新行动开展具有参考意义。分卷《城市更新的治理创新》在推进国家治理能力和治理体系现代化的背景下，从城市治理角度综合研究城市更新的行动实施和路径落地；分卷《城市更新制度与北京探索：主体—资金—空间—运维》侧重"主体—资金—空间—运维"导向下的城市更新制度建设框架结构，剖析北京城市更新从制度建设到实践运作的多方面进展；分卷《城镇老旧小区改造实践与创新》针对国内老旧小区改造实践开展系统化分析，揭示问题、探寻理论与技术支撑、总结经验并提出做法建议；分卷《包容性城市更新：非正规居住空间治理》阐述了非正规城市治理理论，采用"准入—使用—运行"分析框架，对国内外多个大城市非正规居住空间治理实践案例进行剖析，提出面向包容性城市更新的对策建议；分卷《存量更新与乡土传承》分析研判了城乡更新中存量建筑再利用的可行性、必要性，以及其中蕴含的文化价值，从设计学维度阐述了传承乡愁与乡土文化的更新改造策略。

整套丛书由清华大学、中国城市规划设计研究院、中国建筑设计研究院、深圳市城市规划设计研究院等一线科研、实践机构共同撰写，注重实证，视野开阔。各卷著作基于统筹、治理、保护、利用等思考，系统化地探讨了当下社会最为关注的北京、上海、深圳等前沿城市，以及老旧街区、老旧工业区、老旧小区、老旧村镇等多类型城乡空间的综合更新与治理问题。著作扎根实践又深入理论，融合了城乡规划、社会学、管理学、经济学、建筑学等不同学科知识，围绕存量盘活与提质增效、空间规划改革、乡村振兴等重点方向开展探讨，展现了国内外城市更新的新近成果及其经验，并剖析了我国城市更新的发展趋势及关键议题。

衷心感谢为丛书出版给予不断支持和帮助的撰写单位、行业专家及出版编辑们。丛书是响应国家号召和服务社会所需而进行的探索思考，望其出版可对我国城市更新的实践发展和学科进步作出应有的绵薄贡献，同时囿于时间、精力和视野所限，本书存在的不足之处也有待各位同行批评指正。

丛书编者于清华园

2022年6月

序一

第一次了解到陈宇琳的非正规住房研究是在2019年中国城市规划年会的"城市非正规发展与治理"学术对话上，宇琳分享了她对纽约地下空间合法化改造的观察，我鼓励她尽快写点东西出来。不久后，我就评审了《特大城市非正规地下居住空间合法化改造研究——以纽约实践为例》一文，当时还不知道是她的成果，这篇论文虽然是国外案例研究，但一手资料非常翔实，对国内大城市的非正规住房治理很有借鉴意义。之后，在2023年中国城市规划学会规划实施学术委员会组织的考察中，我们又一起调研了厦门的城中村，感受到她对非正规住房研究的热情和对社会强烈的责任感。当宇琳请我给她的新书《包容性城市更新：非正规居住空间治理》写序时，我欣然答应。

我国独特的城市化历史致使经济发达城市普遍存在着较大规模的非正规住房，主要的空间载体包括城中村、地下空间以及部分老旧街区，其中城中村是主体。非正规住房通常是指不符合城市规划、没有纳入政府正规化管理的住房。非正规住房居住空间通常比较拥挤，且缺乏基础设施和公共服务，缺乏健康的居住条件和居住环境，不利于居住群体的身心健康。我国非正规住房以租赁为主，这里的租房群体以非户籍常住人口为主，包括部分城市低收入家庭以及刚步入社会工作的青年人。在传统的经济增长导向时期，地方政府对于非正规住房以排斥性城市更新为主，租房群体因为城市更新而更加边缘化，社会矛盾加剧。党的十八大以来，以人民为中心的"包容性"城市更新深入人心，各地都在探索包容性城市更新模式。从总体上看，包容性城中村更新包括全面更新和微更新两种模式，当前学术界更加关注包容性的微更新模式。本书就是非正规住区包容性城市微更新研究的优秀著作。

本书针对我国大城市非正规住房去留的迫切问题，提出了非正规居住空间的理论分析框架，深入剖析了国内外非正规住房治理的最新实践案例，进而提出我国非正规居住空间正规化的可行路径，研究具有很重要的创新意义和实践价值。具体而言，本书有以下特点。

第一，理论创新性。本书在系统梳理非正规居住空间及其治理理论的基础上，结合对我国非正规居住现象的分类研究，从政府职能与市民需求互动的视角提出"准入—使用—运行"非正规居住空间理论分析框架。这一框架既对我国非正规居住现象的形成机制具有解释力，又为我国非正规空间治理的改革方向提出了引导性的思路，对于厘清非正规居住空间治理思路具有重要启发。

第二，国际前沿性。非正规住房治理是国际性难题，本书通过大量查阅一手外文资料，总结提炼了圣保罗和纽约等城市的国际前沿创新经验。例如，在美国纽约地下室合法化改造中，通过修改建筑规范，使原本不能居住的地窖转变为合法的可居住的地下室，极大地释放了地下存量空间，增加了城市保障性住房供给；又如，在巴西圣保罗的非正规住房正规化过程中，通过保障土地使用权、划定特别社会利益区，首先在制度层面将非正规住房纳入城市公共住房体系，保障居民的就地居住权，再逐步提升非正规居住空间的环境品质。这些经验都对我国具有很强的借鉴意义。

第三，现实批判性。近年来我国各大城市也开展了不少非正规住房治理的实践探索，本书重点选取了深圳、北京等城市的城中村再开发、城中村综合整治和集体土地租赁住房建设三类具有代表性的非正规居住空间治理案例进行研究，通过深入调查，从政府、市场、村集体、租户等多主体的角度分析了其治理机制，并提出批判性反思。这些深入的观察和鲜活的思考为我国未来的非正规居住空间治理改革提供了重要参考。

我国进入存量更新时代，城市更新的理念、规模和质量决定着我国城市化下半期的发展质量，并对国家高质量发展和人民高品质生活有着重要作用。本书是关注城市更新的政府官员、学者、规划师和学生进行学习和研究的有益选择。

中国人民大学公共管理学院教授
2023年4月于北京

序二

改革开放以来,随着我国城镇化的快速发展,大量人口从农村来到城市,城中村、地下室等非正规住房为流动人口定居大城市提供了安身之所,承担了重要的可负担住房功能。非正规住房既是城市的重要组成部分,为新市民提供了廉价、便捷的住房,事关民生基本保障;同时又是城市中最脆弱、风险最高的地区,居住条件差,安全隐患大,是城乡人居环境的"绝对落后地段"。然而长期以来,城乡规划管理部门对非正规住房并未给予应有的重视,多采用简单的再开发方式"一拆了之"。随着我国城市发展从增量扩张进入城市更新的新阶段,尤其是应对高质量发展的新目标,如何推动非正规住房的包容性治理这一课题迫切需要在规划理念和实施方法上加以创新。

清华大学陈宇琳老师长期关注非正规住房的更新治理问题。2019年她在中国城市规划学会年会上关于城市非正规性研究的演讲令人印象深刻,之后又多次在中国城市规划学会规划实施分会论坛分享研究进展。我非常敬佩她对非正规住房如此深入的基层调查和分析研究,也看到了一种推动城市健康发展、人的全面关怀的责任和情怀。《包容性城市更新:非正规居住空间治理》一书汇集其多年研究成果,基于对国内外大城市非正规居住空间治理实践的深入研究,提出非正规居住空间正规化的可行路径,为推动我国非正规居住空间更新作出了前瞻性的探索。

案例研究是规划实施领域常用的一种研究方法,对于非正规居住空间更新这一具有探索性的议题尤为适用。本书通过对北京、深圳、纽约、圣保罗几座城市的案例的深入发掘,呈现了国内外大城市在非正规住房更新方面开展的多元实践,让我们看到政府、市场、社会组织、村集体等不同主体主导下的多样化的非正规住房更新模式,为探索我国非正规住房的更新制度拓宽了视野、打开了思路。

非正规住房治理的关键在于实施。本书通过案例研究梳理了国内外大城市非正规住房产生的历史脉络,归纳了非正规住房更新的顶层制度设计,并对实施效果进行了综合评价。例如,巴西圣保罗的非正规住房治理经历了从消极忽视到大规模拆迁,再到小规模就地升级的转变,并最终制定了涵盖非正规土地细分、贫民窟、公共住房、群租房等多类非正规居住空间的综合性治理制度;美国纽约的地下居住空间合法化改造在社区组织的长期推动下最终被纳入政府的《安居纽约计划》，并采取了从社区试点到全市推广的工作方法。这些基于案例研究总结出来的实施路径对我国制定非正规住房空间更新政策具有很强的借鉴意义。

本书在实践案例研究的基础之上，还尝试进行系统的理论构建。首先从准入、使用和运行三个维度揭示了非正规居住空间产生的原因，进而与之相应地提出了非正规居住空间包容性治理的实施框架，即在供给模式上强化政府引导、鼓励多元供给，在建设标准上设置合理标准、满足差异化需求，在治理机制上守住底线、鼓励自治。而书中的每个案例都是对理论框架不同维度的生动阐释。这种将问题源头与应对策略融会贯通的分析逻辑消解了"非正规"与"正规"的边界，展现了非正规空间正规化的可能，为指导我国开展非正规居住空间更新实践提供了有力的理论支撑。

非正规住房治理是一项非常有挑战性的工作，同时也是事关我国城市更新能否具有"包容性"的关键领域。希望本书的出版能够引起中国城乡规划管理实践者和研究者的关注，早日探索出包容性城市更新的"中国模式"。是为序。

李锦生

中国城市规划学会规划实施分会主任委员
山西省住房和城乡建设厅原一级巡视员
2023年4月于太原

序三

陈宇琳是清华大学建筑学院的青年教师，二十年前师从吴良镛先生攻读博士学位期间，曾多次获得中国城市规划学会的青年论文奖。我评审过她的论文，给我留下很深的印象。之后，她又到清华大学社会学系跟随李强教授做博士后，开展城镇化与市民化方面的研究。回清华大学建筑学院任教后，陈老师持续关注中国流动人口的空间融合问题，基于大量的一手调查发表了一系列成果。清华大学建筑学院与社会学系有着长期的合作传统，不仅共同培养博士、博士后，也开展了很多联合教学。"城市社会学研究专题"就是两院系于2002年共同创建的研究生课程，至今已有20多年历史。李强教授、沈原教授、景军教授等很多社会学系的老师都在这门课程授过课，深受同学们的欢迎。由于陈宇琳老师扎实的城乡规划学与社会学学科背景，2016年我邀请她加入这门课程的教学团队。陈老师加入后，带来了很多前沿的研究成果，尤其是非正规住房更新治理的内容引起了学生的强烈反响和学术兴趣，她还获得了北京高校青年教师教学基本功比赛的一等奖。现在这门课已经交到了她的手上。陈老师的新书《包容性城市更新：非正规居住空间治理》既是她个人长期研究取得的一项成果，也是清华大学建筑学院与社会学系交叉培养和联合教学收获的一枚果实。

非正规居住现象自古有之，在不同历史时期、不同地域空间特征各异。20世纪90年代初，我带学生在北京老城北锣鼓巷调研，发现胡同片区的自建非正规住房比例达15.8%，不仅用于居住，也包括零售、餐饮等社区商业，体现出计划经济时代，在住房普遍短缺的情况下，居民自发改善人居环境的极强动力。2005年，我的博士生禤文昊着手开展"世界工厂"东莞的村镇非正规租赁住房的研究，发现东莞发展出一套由村集体规划供地、农户建屋出租、二手房东承包经营、政府部门管理并征税的市场化供给机制，很好地回应了农民工的住房需求，并提出将非正规租赁住房纳入城乡规划管理的设想。时至今日，非正规住房治理问题已经到了不得不面对的时刻。一方面，我国的城镇化率已超过60%，城中村作为一种可负担性强、可达性好的高密度居住形态，为我国大城市数量众多的流动人口提供了栖身之所，发挥了重要的保障性住房补缺功能。另一方面，随着我国大城市增长边界的划定，大拆大建的再开发模式已难以为继，如何开展非正规住房就地更新，急需探讨行之有效的解决方案。

本书围绕非正规住房的就地更新模式进行了系统研究，通过对巴西圣保罗、美国纽约和中国北京、深圳等地实践案例的深入发掘，从理论、制度和策略等多个层面探讨了非正规住房正规化的可行性，既体现出从社会学视角剖析非正规居住现象的学理性，又反映了从城乡规划学视角积极干预非正规居住空间的能动性。陈宇琳老师这一重要的学术成果，对我国在新型城镇化阶段探索包容性的非正规住房更新治理具有重要的理论价值和实践意义，特此推荐。

清华大学建筑学院教授
2023年5月于清华园

目 录

第 1 章 导 论

1.1 城市更新中的非正规居住空间 / 002
1.2 非正规居住空间概念与治理理念 / 004
1.3 非正规居住空间产生机制分析框架 / 008
1.4 中国大城市非正规居住空间主要类型 / 010
1.5 本书结构 / 015

第 2 章 巴西圣保罗非正规住房规划治理

2.1 圣保罗非正规住房治理概况 / 018
2.2 圣保罗非正规住房治理的空间类型 / 021
2.3 圣保罗非正规住房治理的制度保障 / 024
2.4 圣保罗非正规住房治理的实施策略 / 028

第 3 章 美国纽约地下室合法化改造

3.1 纽约地下室改造概况 / 039
3.2 纽约地下室合法化改造挑战 / 042
3.3 纽约地下室合法化改造策略 / 043
3.4 东纽约社区地下室合法化改造试点 / 049
3.5 纽约全市推广尚待解决的问题 / 052

第 4 章 深圳城中村产权认定与治理转型

4.1 深圳城中村概况 / 057
4.2 深圳城中村拆除重建 / 060

  4.3 深圳城中村就地升级 / 063
  4.4 两种治理模式的比较 / 067

第 5 章   北京集体土地租赁住房建设

  5.1 北京集体土地租赁住房建设概况 / 073
  5.2 北京集体土地租赁住房建设模式 / 076
  5.3 基于"风险—收益"分析框架的建设模式比较 / 079

第 6 章   北京城中村综合整治与运行管理

  6.1 北京城中村概况 / 090
  6.2 北京城中村安全治理难点 / 095
  6.3 北京城中村安全治理策略 / 098

第 7 章   结论：走向包容性城市更新

  7.1 包容性城市更新理念 / 104
  7.2 包容性城市更新策略 / 106

参考文献 / 112
后记 / 120

第 1 章

导 论

在深圳，当你漫步在城市街头，如果没人告诉你，你很可能不知道自己已置身城中村；即便告诉了你，你也未必能分辨出路的两侧哪是城中村，哪是小区居民楼（图1-1）。在北京，当你开车在郊区的田间飞驰，路旁的座座村庄看似与一般村庄并无不同；但如果你有机会进村问一问，就会发现这些村里房屋出租的比例高得惊人，早已不是想象中"不知有汉、无论魏晋"的桃花源（图1-2）……

城中村这类非正规居住空间在中国并不是一种新现象，从20世纪80年代初就引起了社会学者和地理学者的广泛兴趣。然而，随着我国城镇化率从1980年不到20%发展到2019年已超过60%，非正规居住空间的内涵与外延已发生深刻变革——它们不再是新市民落脚城市的一种偶发现象，而已演变为覆盖广袤城乡的一种新型人居形态，不论它们看起来像不像"城中村"，也不论它们是否被叫作"城中村"。如果说过去学者关注的重点是非正规居住空间的发生学，即研究空间与其内部人群的关系，揭示非正规居住空间是如何产生的；那么今天则到了不得不探讨正规居住空间治理学的时刻，需要研究空间与其外部城乡的关系，探讨非正规居住空间如何更好地嵌入城乡环境。

1.1 城市更新中的非正规居住空间

（1）我国非正规居住空间规模大，容纳了新市民中的大多数

自20世纪80年代以来，随着我国城镇化的快速发展，大规模人口涌入城市带来巨大的住房需求。在北京、广州、深圳等大城市，由于保障性住房短缺、商品房房价高涨，城中村和地下室等非正规居住空间凭借便利的交通条件和低廉的租金，成为大城市新市民的重要住房选择。据不完全统计，在我国主要大城市中，城中村所容纳的常住人口比例为45%～70%（叶裕民，2015）。深圳作为中国最典型的移民城市，城中村容纳了约1200万人（深圳社区网格管理办公室2017年数据），占全市实际人口的64%（缪春胜 等，2021）。在北京，居住在万人以上规模城中村的流动人口超400万（北京市流动人口与出租房屋管理委员会办公室2007年数据）（包路芳，2010）；居住在普通地下室和人防工程的人口约100万（北京市住房和城乡建设委员会和北京市民防局2011年数据）（张墨宁，2011）。换言之，在北京704.5万流动人口（2010年）中，约有56%居住在城中村，14%居住在地下室。非正规居住空间在大城市承担了重要的可负担住房功能。

图1-1　深圳城中村　　　　　　　　　图1-2　北京城中村

（2）我国非正规居住空间风险高，是城市更新的突出短板

由于非正规居住空间长期处于政府管制的"真空"地带，建设过程缺乏规范约束，建成之后又疏于管理，不仅住房质量较差，而且安全隐患巨大。2011年和2017年在北京市大兴区发生的两起重大火灾事故都位于城中村，分别造成18人和19人死亡；2019年福州和2022年长沙又相继发生两起城中村自建房倒塌事故，分别造成3人和54人死亡。2020年，党的十九届五中全会审议通过《中华人民共和国国民经济和社会发展第十四个五年规划和2035年远景目标纲要》，将城中村列为城市更新的重点片区。然而，与老旧小区、老旧厂区、老旧街区等其他存量片区所面临的好不好用、高不高效、有没有活力等问题相比，城中村急需解决的是最为基本的安全问题。可以说，非正规居住空间的质量决定了我国城乡人居环境品质的下限，非正规居住空间治理是我国城市更新工作的关键。

（3）我国非正规居住空间治理难，是对城市治理能力的严峻考验

长期以来，我国大城市在非正规居住空间治理过程中多采用高成本再开发或运动式清理取缔等方式，并没有在实质上解决这一城乡人居环境短板问题。即使在为数不多的试点实践中，由于非正规居住空间类型多样、产权关系复杂、改造维护成本高、治理措施难以标准化等原因，也始终没有形成一套行之有效的非正规居住空间常态化治理方法。2023年，国务院审议通过《关于在超大特大城市积极稳步推进城中村改造的指导意见》，提出在"超大特大城市积极稳步实施城中村改造"。如何在非正规居住空间治理的理念、制度和策略上有所突破，亟待探索可行的实施路径。

1.2 非正规居住空间概念与治理理念

1.2.1 非正规居住空间

非正规是相对于正规而言的，但对于非正规性的概念，学术界并未达成统一的认识。它最早源于非正规部门（informal sector），是由哈特（Hart）于1973年首次提出（Hart，1973），并由国际劳工组织（ILO）在《肯尼亚报告》中予以系统阐述（ILO，1972）。非正规部门是指那些规模较小、谋生型、自我雇佣的低级经济活动，因而与贫困和边缘性相联系。20世纪80~90年代，非正规经济（informal economy）的概念逐步取代了非正规部门的概念，卡斯特（Castells）和波特斯（Portes）认为，非正规经济不是边缘和贫困的代名词，而是一种特殊的生产过程，非正规经济与正规经济的根本区别在于生产和分配形式是否受制度规制，而非最终产品是否合法，这样就将非正规经济与非法经济区分开来（Castells et al.，1989）。从生产和分配形式是否受到规制的角度，还有学者提出半正规部门（semi-formal sector）的概念，认为有的经济活动虽然受到规章制度的约束，但并没有被国家认可和记录，是介于非正规和正规之间的半正规部门（Kamrava，2004）。

非正规现象不仅存在于就业部门，同时也广泛存在于城乡物质空间环境。尤其是在拉美、南亚等城市化快速发展的发展中国家和地区，非正规居住现象较为普遍（Perlman，1976；Turner，1977；Moser，1978）。非正规居住空间是指不受政府管制或缺少政府管制的居住环境，多在正规住房供给不足的情况下由居民自发建设而成，普遍存在土地利用违规、居住环境较差、安全隐患突出、公共服务供给短缺等问题（UN-habitat，2003）。据联合国统计，2022年，全球40多亿居住在城市的人口中，约有11亿人生活在贫民窟（slum）或类似的非正规居住空间，并且这一人数预计在未来30年还将增长20亿人❶。

中国的非正规居住现象也引起了学者的广泛关注，国内外学者在对国外非正规性理论和实践引介的基础上（王晖 等，2008；赵静 等，2008；黄耿志 等，

---

❶ SGD 11. Make cities, inclusive, safe, resilient and sustainable [EB/OL]. [2023-09-20]. https://www.un.org/sustainabledevelopment/cities/.

2009；黄耿志 等，2011a；徐苗 等，2018），对城中村和小产权房等城市非正规空间开展了研究。已有研究多将非正规空间作为研究对象，对其概念和特征进行分析。以城中村为例，有学者指出这类非正规住区是指在未经政府关于集体土地使用权和发展权的许可下，农民自建住房用于出租或者出售形成的地域空间（Wu，2016），具有二元和碎片化的土地所有权、松散的土地管理和发展控制、村集体提供基础设施、边缘化和模糊的村庄治理等特征（Wu et al.，2013），是一种城乡过渡的社区类型（Liu et al.，2010）。

1.2.2 非正规居住空间治理

对于城市非正规现象的治理，学界存在很多争论。围绕非正规经济这一非正规领域的核心议题，主要有三个理论流派（黄耿志 等，2011a）。第一种观点是二元主义。受到正规—非正规性二元思想的影响，学者认为正规经济是比非正规经济更加理想的模式，因而用正规经济替代非正规经济被认为是普遍的规范性方法（如Pratt，2019）。第二种观点是新自由主义。其观点与二元主义恰好相反，认为非正规经济是具有活力和创新性的，因此这一理论流派多采取对抗的态度，要求减少政府干预，充分释放市场的力量，鼓励自下而上解决问题（如De Soto，1989）。第三种观点是结构主义。持这一观点的学者认为要从两个方面来认识非正规就业，一方面是过度的劳工管制，另一方面是丰富的劳动力供给，二者并存产生了非正规就业。因此，他们采用联系和转化的视角认识非正规就业治理问题，一方面要解决工人阶级的权益保障问题，另一方面企业在用工制度上应具有更多的灵活性（如Castells et al.，1989）。

虽然非正规居住空间与非正规经济本体不同，不能简单套用非正规经济治理理论，但其治理思路大致也可分为以上三类。若将我们常见的非正规居住空间治理方式加以粗略对应的话，清理非正规住房、进行房地产再开发可视为"替代"模式；支持并鼓励非正规住房建设可纳入"对抗"模式；而在增加保障性住房供给的同时规范非正规住房建设并为其提供支撑可归为"联系"模式。当然这三种模式并非截然分开，有时也会组合使用，在特定条件下也可以相互转化。在国际非正规住房治理领域，有两位学者的观点具有广泛的影响力。一位是英国建筑师特纳（John F. C. Turner），他认为非正规住房是由于贫民无法负担正规市场上的高标准住房，因而"自助"建设的标准较低的住房（Turner，1977）。特纳的观点对于改变人们对非正规住房的负面认识发挥了重要作用。另一位学者是秘鲁经济学家德索托（Hernando De Soto），他认为非正规住区由于缺乏产权，不能在正规市场上进行交易,因而成了死账(dead capital),而非正规住区的正规化,即私有化和给予产权将改善土地和房地产市场的运作,是减轻贫困、提高居住环境的重要途径(De Soto,2000)。

有学者基于对东南亚和拉美等地区非正规居住空间治理实践的分析,探讨了再开发、就地升级和提供私有产权三种典型治理政策的效果(Birch et al.,2016)。对于再开发模式而言,贫民区再开发在城市经济状况较好的情况下似乎是多赢的解决办法,但现实结果却不尽然,而且存在分配不公和绅士化等问题;就地升级模式的改造成本相对较低,但对公共机构的经济吸引力不高,并且面临因维护不足而导致环境持续恶化的问题;在赋予非正规居住区居民私有产权模式中,这一模式在理论上有助于增加城市税收、重振城市经济,但在实际操作中需要解决产权边界划定等问题(桑亚尔,2019)。

2000年以来,随着国际学者对发展中国家城市化问题的再关注以及全球南方城市研究的兴起(肖俊 等,2016;邱婴芝 等,2018),非正规性研究开始出现认识论的转向,非正规性逐步脱离二元论框架下特定的经济部门或地域空间,转而被理解为一种在不同的政治、经济、社会环境下的灵活的治理模式和应对策略(黄颖敏 等,2017)。有学者指出,发展中国家大都市的扩张是由非正规性推动的,非正规性不是"例外",而是"常态",非正规性是在非西方语境下探索规划如何进行实践的重要认识论(Alsayyad,2004;Roy,2005),是当理性和系统性规划不适应发展中国家城市发展时的一种替代性方法(Yiftachel,2009;Allmendinger,2017)。具体而言,非正规性被国家有目的地利用来进行城市治理,从而产生不同的空间价值,成为一种基于经验而不是法律来解决问题的以进行管制的系统。因此,正规和非正规之间的界限不是固定的,而是随着各方的争议和谈判处于不断的变动中(Roy,2009;Roy,2011)。

我国在过去30多年的快速城镇化进程中,在"大拆大建"的发展惯性下,政府对非正规住房的认识多为"临时的""应该被拆除的",对其不是漠然忽视,就是寄希望于"一拆了之",或是在各种城市风貌提升行动中对其进行不定期清理。已有非正规住房治理相关研究主要聚焦于城中村治理。其中,根据治理主体和资金来源,可分为政府主导、开发商主导、村集体主导、多元参与等模式(如张磊,2015;Yuan et al.,2020;韦长传 等,2022;张理政 等,2022);根据改造程度,可分为拆除重建、就地升级、综合整治、与保障房联动更新、微更新等模式(如冯晓英,2010;Wu et al.,2013;Sanyal,2016;文超 等,2017;

叶裕民 等，2020；卢文杰 等，2020；王成伟 等，2021）。随着对城中村价值的认识从土地再开发的经济价值转向保障原居民生存发展权和流动人口居住权的社会价值，城中村治理实践逐渐从以开发商为主导的大规模拆迁安置向多元主体协同的就地有机更新转型（如魏立华 等，2005a；田莉，2019；张理政 等，2022），并开始探索统筹联动城中村改造与城市公共住房供给的治理思路（如姚之浩 等，2018；楚建群 等，2018；叶裕民 等，2020）。

总的来说，我国对非正规住房是否应该治理、应该如何治理等问题尚缺乏深入、系统的思考。已有实践多为村庄层面的个案探索，建构整体制度并付诸实践的并不多。深圳作为我国率先在全市层面制定规范并推动城中村治理的城市，自2009年《深圳市城市更新办法》颁布以来，在政府主导、保障底线的治理方式下，已取得显著成效（缪春胜 等，2021），但也面临治理深度有限、治理效率偏低、财政难以为继等问题（张艳 等，2021）。如何通过综合性、系统性的制度设计，统筹多元治理主体、因地制宜分类治理，是我国大城市开展全面非正规住房治理迫切需要解决的问题。

1.2.3 非正规居住空间包容性治理

包容性（inclusiveness）作为一个公共政策领域的概念，可追溯到2007年亚洲开发银行提出的"包容性增长"（inclusive growth）（Ali et al.，2007）。世界银行在《世界包容城市方法文件》中提出空间包容、社会包容和经济包容多维路径。其中，空间包容是城市地区包容的基石，包括平等获得土地、住房和基础设施；社会包容涉及权利、尊严、公平和安全等基本原则；经济包容是指面向所有人的经济机会（World Bank，2015）。国务院发展研究中心和世界银行在《中国城镇化研究报告》中指出，中国包容性城镇化的两个关键在于确保城市地区公平获得社会服务，以及改革社会政策促进城乡一体化（World Bank et al.，2014）。叶裕民在特大城市城中村改造研究中提出，应通过包容性合作式改造保障城中村作为可支付健康住房的功能，实现空间品质、经济结构和社会网络的同步提升再造（叶裕民，2015）。概括来说，包容性是相对于排斥性（exclusiveness）而言的，让所有人平等获得空间资源、公共服务和发展机会是包容性发展的核心。

具体到非正规居住空间治理，包容性治理已成为国际社会发展的共识。联合国在"可持续发展目标"（Sustainable Development Goals, SDGs）第11项"建设包容、安全、有抵御灾害能力和可持续的城市和人类住区"中，将"包容"（inclusive）列为首位，并提出"到2030年，确保人人获得适当、安全和负担得起的住房和基本服务，并改造贫民窟"的具体目标。

包容性理念为非正规居住空间治理研究提供了一个有益的理论分析思路。首先，需要对包容对象赖以生存的多元空间环境进行系统分析，构建完整的空间谱系；其次，需要通过制度设计将非正规居住空间纳入正规的治理体系；再次，在治理过程中，需要通过综合性策略保障治理过程和治理结果实现包容性目标。

1.3 非正规居住空间产生机制分析框架

在展开对中国非正规居住现象的具体分析之前，有必要对国内外非正规居住现象的主要差异进行简要分析。正如陈映芳所指出的，"相对于informal urbanism概念中所蕴含的'非规划的''居民主导/居民自主的'等意义，中国城市中各种被称为'违章/违规/违法/非法'的建筑、场所或行为的属性，以及随时可能被管理者/执法者取缔的现状，也不是既有的非正规领域理论所能确切定义和诠释的，其不无特殊的生成机制以及意义空间，更需要我们加以细致说明"（陈映芳，2013）。首先，贫民窟集中的拉丁美洲和南亚等地区国家多为土地私有制，非正规居住空间正规化的一个重要途径就在于将贫民窟所在的土地合法化、私有化（De Soto，2000）。而中国则不同，我国采取的是城市土地国有制和农村土地集体所有制，因此应对中国非正规居住问题不仅需要关注土地产权与用地性质（Tian，2008；Wu et al.，2013；邵挺 等，2018），还涉及中国特有的城乡二元土地制度和户籍制度等一整套综合的空间资源供给体系。其次，中国城镇住房制度改革以来，城镇居民的居住环境有了显著改善，但还存留了大量条件较差的老旧街区和棚户区，社区形态的本底十分多元，因而中国的非正规居住现象与拉丁美洲和南亚国家不同，并不都是伴随城镇化形成的，空间质量也是研究中国非正规居住空间需要关注的议题。再次，中国城镇化发展过程中具有突出的政府主导特征（李强 等，2012），这使得政府在非正规空间的治理上具有很高的权威性，并形成了与巴西和印度等国家显著不同的治理路径和效果（Ren，2018；Zhang，2018），因此治理机制在中国非正规居住空间研究中也至关重要。

对于非正规社区产生的制度根源，笔者赞同特纳对非正规住房的观点，即非正规住房是由于贫民无法负担正规市场上的高标准住房而"自助"建设的标准较低的住房。为此，本研究将从"政府职能"与"市民需求"关系的视角，构建"准入（qualification）—使用（use）—运行（operation）"的非正规居住空间分析框架,探讨正规性与非正规性之间矛盾而复杂的关联,从而为寻求规划治理对策提供依据(图1-3)。在后文的分析中,并不仅局限于一般意义上的非正规空间,即在准入层面不受管制的空间,还包括那些准入正规但使用和运行不正规的空间,以期在非正规—正规连续体的视野下拓展对非正规居住概念的理解。

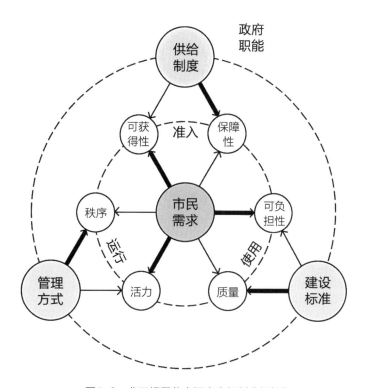

图1-3 非正规居住空间产生机制分析框架

从政府的角度出发,政府在准入方面主要通过对空间供给的管控(如获取住房是否通过合法化的途径,以及居住空间的土地产权和功能是否合法合规),在使用方面主要通过对空间建设的规范(如居住空间是否符合相关住区规划和住宅设计的规范与要求),在运行方面主要通过对空间治理的监管(如空间在使用过程中是否受到来自政府有关部门的督查管理)来发挥政府职能,实现对居住空间的管制。

从市民的角度出发,市民在准入方面会综合考虑保障性(security)与可获得性(availability),在使用方面会对空间的品质(quality)和可负担性(affordability)进行平衡,在运行方面会均衡考量秩序(order)与活力(vitality),进而作出居住选择。

因此，将政府职能与市民需求联系起来可以发现，非正规居住现象产生的根源在于政府正规化的管制体系与百姓实用主义的生存策略之间的不匹配——政府在正规的制度框架下，更注重居住空间的保障性、品质和秩序，而市民，尤其是贫困群体，从个体的生存需求出发则更看重居住空间的可获得性、可负担性和活力。具体而言，在准入维度，正规的土地和住房供给虽受到法律保护，但由于资源的有限性，市民的可获得性较差，尤其是大城市的保障性住房多只面向本地居民，因而贫困居民或流动人口只能选择更具可获得性的违法加建、群租住房或租住城中村等非正规空间。然而，在选择非正规居住空间的同时，他们必须承受没有安全保障、居住不稳定等诸多风险。在使用维度，正规居住空间的品质必然较高，但也意味着高昂的成本，弱势群体为了维持生计多会放弃对品质的追求，牺牲生活质量甚至最基本的安全保障，选择符合自己支付能力的居住空间。在运行维度，正规的住房和社区空间多秩序井然，但也存在活力不足的问题，百姓偏好有人气、有活力的社区空间，但同时需要承受空间失序带来的环境脏乱差等问题。值得注意的是，市民在进行生存策略选择时，并非都是被动的，如在权衡空间的可负担性和品质时，很多人主动选择放弃居住品质，从而最大限度地降低居住成本（Zheng et al.，2009），这一点在研究住房标准时尤其值得关注。

1.4 中国大城市非正规居住空间主要类型

20世纪80年代中国城镇住房制度改革以来，城镇居民的居住环境发生了翻天覆地的变化，最突出的特征是从以单位大院为特征的福利分房制度转变为以商品房为特征的市场化购房制度。在这一过程中，城镇居民的居住条件显著改善，人均居住面积从1978年的3.6m^2（吕俊华 等，2003）增加到2020年的37.6m^2（国家统计局，2022）。但与此同时，居住不平等现象日益凸显。首先，城镇居民内部的分化加剧，贫困群体多聚集在旧城，或被异地安置到城郊的保障房。其次，大量流动人口进入大城市，他们一方面因受户籍制度限制，难以进入保障房系统；另一方面又无力购买价格高昂的商品房，只能选择在城中村、大杂院、地下室等边缘空间生存。下文将运用"准入—使用—运行"分析框架，选取计划经济向市场经济转型过程中的传统街区、商品房社区和流动人口社区三类典型社区，对其住房、服务设施和公共空间的非正规现象进行分析（表1-1）。

中国大城市非正规居住空间类型及特征　　　　　　　　　　表1-1

	类型	供给制度（准入）	建设标准（使用）	管理方式（运行）
传统街区：非正规建造	四合院中的违章加建	非正规	非正规	非正规
	单位大院中的平房	正规	非正规	正规
商品房社区：非正规利用	自发形成的社区商业服务业	正规/非正规	正规/非正规	非正规
	自发形成的公共空间	正规/非正规	正规/非正规	非正规
	商场为招揽生意设置的自由市场	正规	正规/非正规	正规
流动人口社区：非正规管理	老旧社区和商品房社区的群租房	正规	非正规	非正规
	老旧社区和商品房社区的地下室	正规/非正规	非正规	非正规
	城中村	正规/非正规	正规/非正规	非正规
	小产权房	正规/非正规	正规/非正规	非正规

注：表中对正规、非正规的划分并非绝对，因为非正规空间是相对于正规空间而言的，选取不同的正规空间作为参照有可能得到不同的结论。

1.4.1　传统街区：非正规建造

在计划经济时代，传统街区由于住房空间紧张，加建现象十分普遍。1994年一项对北京旧城北锣鼓巷街区的调查发现，违章建筑不仅用于住宿、厨房和储藏等居住功能，还用于零售、餐饮和小作坊等社区服务功能；从面积上看，违章建筑占街区内总建筑面积的比例达15.8%，按此比例估算，北京旧城违章建筑的面积至少有330万m^2（Zhang，1997）。旧城传统街区出现大面积加建的根本原因是居住条件较差，而政府用于改善旧城居住条件的资金不足。20世纪70年代末，大批"知识青年"陆续返回北京、上海等大城市，组建家庭并孕育后代，大城市人口迅猛增长。旧城居民不像农村村民，可以为新增人口申请将村集体建设用地或农用地转为宅基地，因此那些经济条件较差的旧城居民只能通过加建来改善居住条件。1976年唐山地震之后，北京四合院内搭建了大量抗震棚，并得以保留，这也成为非正规空间的一个重要组成部分。80年代以来，我国颁布了一系列城市规划法律法规，包括1984年颁布的中国第一部城市规划法规《城市规划条例》，1989年颁布的中国第一部城市规划法律《城市规划法》。城市规划法律法规的陆续出台既为界定违建提供了依据❶，也增加了拆除违建的管理成本，一般只要违

---

❶ 人民网. 北京违建面积达2000多万平米多在中心城区［EB/OL］.［2019-01-30］. http://politics.people.com.cn/n/2013/0824/c70731-22680106.html.

建确实是百姓生活所需，并且没有影响到他人，政府都不会强加干预（Zhang，1997）。由此可见，在政府资金投入不足的前提下，建造非正规空间成为旧城贫困居民自主改善居住环境、完善社区服务的唯一出路，而面对百姓切身的生活需求，基层政府也很难以非正规之名对其进行强制性管制。

相较于传统街区中的私房和房屋管理局提供的公房，单位大院的住房条件要好得多，违建情况也相对较少。但随着居民需求的增长和多元化，建设之初的公共服务设置配建标准已很难满足居民的需求（吕俊华 等，2003），为此，多由单位牵头在单位大院内增设居住空间和服务设施，以改善居民的生活质量。这些住房和设施虽然在空间形态上是非正规的，但由于得到了单位认可，并且为居民提供了便利，因而得以存留。例如，在有"共和国第一住区"之称的北京百万庄小区内，有一片密度极高的平房区，从卫星影像图上看，它与周边典型的单位大院楼房格格不入。但经调查发现，这片平房区最早是20世纪50年代中央为参与国家重大工程建设的外地工程师提供的工棚，之后随着其家属的迁入，工棚又得以拓建并一直存留至今，所以这片非正规的"棚户区"实质上是纳入正规监管、有政府备案的居住空间。

可以看出，在计划经济时代的传统街区，有大量在空间建设（使用）上非正规，但在供给和管理方式（准入和运行）上正规或介于正规与非正规之间的居住和社区空间，这类非正规居住空间可被称为"非正规建造"，是居民个体或单位灵活解决住房需求和社区服务的结果。这类非正规空间中有不少在界定违法建设相关法律法规颁布之前就已经建成，或是由于各种历史原因形成的，因此要想清晰界定这些空间的产权关系和空间性质，需要大量细致的工作。

1.4.2 商品房社区：非正规利用

自1998年我国城镇住房制度改革全面展开以来，商品房社区逐步成为城镇主要居住区类型。随着住区规划和住房设计相关标准规范的出台，私人领域的居住面积有了显著提升，但公共领域的配套服务设施在实际规划、建设和运营过程中多存在规划预留用地不足、配建滞后、转为他用或缺乏维护等问题（杨震 等，2002；晋璟瑶 等，2007；袁奇峰 等，2012）。由于居民的日常生活需求得不到满足，一些非正规的服务设施逐步发展起来，以弥补现有社区功能的不足。在类型上，主要涉及社区商业（如菜市场和便利店）和服务业（如理发店和缝补店）等功能。从所占用的空间看，主要包括城市破碎地块、城市街道、居住区沿街面和小区内空间等。例如，在北京市望京地区，由于配套设施设置不足，城市边角地块涌现出多处非正规的菜市场。在2009~2014年五年间，由于城市再开发或风貌整治，有7个菜市场被拆除或取缔，但每次大型菜市场拆除后，周边都会涌现出若干个小型菜市场或临时菜市场，以替代原有市场的服务功能（陈宇琳，2015a；陈宇琳，2015b；Chen et al.，2019）。广州市为"创建国家卫生城市"，对街头摊贩开展了一系列治理行动，最终采取了设置疏导区的妥协治理方式，但摊贩的经济效益已远不如从前（黄耿志 等，2011b；黄耿志 等，2012；Huang et al.，2014）。除承担一定的社区功能外，非正规空间还给社区带来了活力。受到现代主义城市规划理念的影响，我国在旧城更新和新城新区建设中多采用大规模、大尺度的开发方式，对人本尺度考虑欠佳，导致城市活力不足，而非正规空间因尺度宜人、布局灵活，反而成为社区中的活力空间。例如，武汉市汉正街在改造后由于缺乏商业氛围，沿街商贩通过加密、加高、填充等非正规手段，又将新商业街恢复到原先的传统街道尺度，生动体现了非正规商业空间强大的生命力（陈煊 等，2013）。

除非正规的服务设施外，非正规的公共空间也广泛存在。我国大城市在快速开发建设过程中，不断产生一些未被利用的"失落空间"，如滨河码头、城市废弃用地以及交通设施沿线的消极空间等。这些城市发展的盲区面临诸多安全隐患，但非正规活动的介入对空间起到了活化作用。例如，在重庆杨公桥立交下，周边居民自发聚集开展休闲娱乐和零售商业活动，提高了城市的可达性和舒适性，并创造了功能混合的公共场所（刘一瑶 等，2017）。

由此可见，这些自发形成的非正规服务空间和公共空间，虽然在准入和运行上是非正规的，但通过对城市消极空间的积极利用，发挥了正向的社区服务功能作用，可以被称为"非正规利用"。这些非正规社区空间是具有活力潜质的，看似无序的背后是对市场的灵敏反应和不断贴近百姓需求的努力。其实，在现代商业综合体的规划设计中，很早就开始向非正规的商业形态学习，如自由市场中摊位的摆放方式、贩卖者叫卖的形式等，以营造活跃的商业气氛（Gross，1993）。这些非正规空间面临的最大的制度障碍在于没有被纳入城市公共服务体系，因而缺乏必要的保障，导致社会服务供给不稳定。

1.4.3 流动人口社区：非正规管理

流动人口社区是非正规居住空间中被探讨最多的一种空间类型（如魏立华 等，2005b；Wang et al.，2009；Wu et al.，2013；叶裕民，2015；田莉 等，

2018）。不论是老旧小区和商品房小区的群租房和地下室出租房，还是城中村流动人口聚居区和小产权房，其产生的共同背景都是源于供需之间的矛盾。一方面，大量流动人口流入大城市，产生了巨大的居住需求；另一方面，由于户籍制度的限制，或购买能力的限制，既有的正规住房和保障房体系无法满足或适应流动人口的居住需求，因而他们选择转向非正规的解决办法。对于群租房和地下室出租房，政府的管治由来已久。我国在2010年颁布了《商品房屋租赁管理办法》，北京市也于2013年颁布了《北京市住房和城乡建设委员会 北京市公安局 北京市规划委员会关于公布本市出租房屋人均居住面积标准等有关问题的通知》，对出租房屋提出了明确的准入标准❶。北京市还开展了多次群租房治理行动，并于2011~2014年、2015~2017年开展了两轮地下空间综合治理行动，治理力度很大，也取得了一定效果，但仍难以彻底消除这一现象。究其原因，群租房和地下室出租房的突出优势是区位好，而同区位正规房屋租赁市场的租金非常高，群租房租客通过分摊租金、地下室租客通过牺牲居住条件，实现了低租金和低交通成本的双赢（Huang et al.，2015；Kim，2016）。城中村和小产权房蔓延的制度背景更为复杂。一方面，城中村村民由于农宅无法进入房地产市场，对通过住房获取利益充满渴望（Zhao，2017；Zhao et al.，2018）；另一方面，长期以来政府对农村地区建设管理的忽视，也给城中村和小产权房以发展的机会（Wu，2002）。

对于流动人口社区而言，其非正规特征更多地体现为"非正规管理"。在准入方面，流动人口聚集的城中村所占用的土地多是村民自己的宅基地或村集体建设用地，因此在用地性质上并没有违规。其遭到诟病的主要原因是，村民为了营利新建或加建大量住房用于出租，违背了农村宅基地用于自住的原则。2017年《利用集体建设用地建设租赁住房试点方案》的出台标志着村集体建设用地可以用于建设租赁住房，在制度层面为流动人口住房开拓了多元化的供给渠道。使用

---

❶ 2010年12月，住房和城乡建设部出台的《商品房屋租赁管理办法》第八条规定，出租住房的，应当以原设计的房间为最小出租单位，人均租住建筑面积不得低于当地人民政府规定的最低标准。厨房、卫生间、阳台和地下储藏室不得出租供人员居住。2013年7月发布的《北京市住房和城乡建设委员会 北京市公安局 北京市规划委员会关于公布本市出租房屋人均居住面积标准等有关问题的通知》中规定："一、本市住房出租应当符合建筑、消防、治安、卫生等方面的安全条件，应当以原规划设计为居住空间的房间为最小出租单位，不得改变房屋内部结构分割出租，不得按床位等方式变相分割出租。厨房、卫生间、阳台和地下储藏室等不得出租供人员居住。出租房屋人均居住面积不得低于5平方米，每个房间居住的人数不得超过2人（有法定赡养、抚养、扶养义务关系的除外）。法律法规另有规定的，从其规定。"

方面，不可否认，流动人口社区普遍面临人口密度高、建筑质量差、安全隐患大等问题。但与此同时，在当前千篇一律的商品房社区时代（吴良镛，2003），城中村等自建房类型因其空间资源利用的最大化、建设成本的最小化、功能复合的多样性等特征，成为建筑师探索多元化住宅设计的重要灵感来源（程晓青 等，2016）；一些村民自建的小产权房甚至邀请了顶级设计机构设计，建设标准和质量均超过了一般的商品房。因此，流动人口居住空间面临的最大挑战在于如何进行常态化管理，从而保障空间安全有序地运行。

1.5 本书结构

本书秉承人居环境科学倡导的"回归基本原理"和"以问题为导向"的研究思路（吴良镛，2001）。首先，在理论层面，通过分析非正规空间与正规空间的辩证关系，从政府职能与市民需求相结合的角度，揭示非正规居住空间产生机制，并为非正规居住空间治理提供思路。其次，在认识层面，对我国大城市计划经济时代以来的传统街区、商品房社区和流动人口社区三类典型非正规居住空间现象及其特征进行解读，深化对非正规居住现象的理解。再次，在实践层面，围绕非正规居住空间治理的难点，结合国内外实践前沿，深入研究非正规居住空间治理的复杂过程，总结非正规居住空间包容性治理的理念、制度和策略，以启发我国非正规居住空间正规化的可行路径。

由于非正规居住空间治理不仅需要解决一般城市更新面临的普遍性问题，还需要应对由于空间本体的非正规性和管控的"真空"带来的诸多特殊性问题，因而往往需要打破既有观念的束缚、既有制度的局限和既有规范的限制。为此，本书采用了案例研究的方法。书中所选的北京、深圳、圣保罗和纽约的国内外前沿实践，均对非正规居住空间形成机制"准入—使用—运行"三个维度中的一个或多个有所突破。尽管并非所有案例都获得了成功，但本书仍将其纳入，旨在客观展现治理过程的复杂性。

全书共包括7章。在本章"导论"分析非正规居住空间相关概念、分析框架和主要类型基础上，第2章到第6章分别结合国内外前沿实践，围绕"准入—使用—运行"分析框架探讨非正规居住空间正规化的多维实施路径。具体而言，第2章以巴西圣保罗卓有成效的非正规住房规划治理为例，其多元的非正规住房类型、系统的制度保障和综合的实施策略为非正规居住空间在准入、使用、运行多个维度的正规化提供了范本。第3章聚焦地下空间这一典型的非正规居住空间类型，通过对最新的美国纽约地下空间合法化改造案例的研究，展示了非正规居住空间在"使用"维度突破规范的创新探索。第4章以深圳城中村这一中国最具代表性的非正规聚居区为研究对象，通过对拆除重建和就地升级两种治理模式的剖析，揭示了政府在"准入"维度实现非正规居住空间正规化的灵活治理策略。第5章围绕我国特有的城乡二元土地制度下利用农村集体建设用地建设租赁住房的试点工作展开，通过对试点城市北京各类开发运营模式的解析，为市场主体参与非正规住房建设的"准入"制度完善提供参考。第6章针对量大面广的保留型城中村迫切需要解决的消防安全问题，以北京城中村综合整治为例，探索了非正规居住空间"运行"正规化的可行路径。最后一章在理念层面总结非正规实践的重要价值，并从准入、使用、运行维度提出包容性城市更新的实施要点。

说明：本章部分内容已发表，详见：陈宇琳. 中国大城市非正规住房与社区营造：类型、机制与应对[J]. 国际城市规划, 2019（2）: 40-46.

第 2 章

巴西圣保罗非正规住房规划治理

在我国非正规居住空间治理转型背景下，本章以非正规住房更新卓有成效的巴西圣保罗为例展开研究。首先，回顾了圣保罗非正规住房治理从消极忽视、异地安置到就地升级的转变历程。其次，对圣保罗非正规住房包容性治理体系进行分析：在空间维度，圣保罗构建了包括非正规用地、贫民窟、群租房、公共住房等多种类型的非正规住房综合治理体系；在制度维度，通过保障土地使用权、划定特别社会利益区、多方获取资金、搭建项目统筹平台等方式保障非正规住房正规化的顺利实施；在实施维度，从生存、发展和社会等方面全方位、全过程推动非正规住房的环境提升、设施改善和社区赋能。最后，针对我国非正规住房治理面临的挑战，提出完善非正规住房空间谱系、推动非正规住房纳入城市公共住房体系、采取空间提升与社会发展并重的非正规住房治理对策等建议。

在我国非正规居住空间治理转型背景下，应对个案实践多但整体制度建设不足的问题，本章以非正规住房更新改造卓有成效的巴西圣保罗为例，对多元化的非正规住房类型及其系统性的治理机制进行研究，以期为我国非正规居住空间治理的制度设计和实施策略提供参考。

巴西的非正规住房数量众多，给城市治理带来极大挑战，同时也积累了丰富的非正规住房治理经验。我国学者从部门设置、规划引导、环境改造等方面总结了巴西贫民窟改造的主要做法（徐勤贤 等，2010），归纳了里约热内卢贫民窟治理过程中采取的连接周边街区、规范土地产权、强化软性发展等措施（李明烨 等，2019），并结合巴西贝洛奥里藏特市（Belo Horizonte）实践梳理了规划政策与公共参与深度结合的贫民窟治理路径（陈天 等，2023）。可以看出，已有研究主要聚焦巴西贫民窟治理，对多元化的非正规居住空间类型及其治理机制关注不足。

本章将基于包容性治理的分析框架，从空间包容、制度包容、实施包容三个维度对巴西圣保罗非正规居住空间治理的实施机制进行分析。下面首先梳理巴西圣保罗非正规住房治理历程；其次介绍圣保罗包括非正规用地（illegal subdivisions，包含违法用地）、违规用地（irregular subdivisions）、贫民窟、群租房（tenements）和公共住房（public housing estates）等多种类型的非正规住房空间谱系❶，非正规住房就地升级的制度设计，以及包含生存、发展、社会等多维度包容性实施策略；最后提出我国大城市非正规住房治理的对策建议。

2.1 圣保罗非正规住房治理概况

圣保罗是巴西人口最多的城市，非正规居住现象十分普遍。长期以来，圣保罗对非正规住房都采取了消极无视和大规模拆除的排斥性治理方式。直到20世纪90年代，圣保罗开始转变思路，对非正规住房开展包括房屋改造、环境提升、土地确权等就地升级工作。2005~2012年，圣保罗市完成了23.8万户非正规住房的综合改造（França et al.，2012），取得了显著的综合成效。在基础设施方面，

---

❶ 关于非正规住房的具体类型及其特点和治理方式，第2.2节将作详细解释。

1990～2010年，圣保罗市拥有污水收集系统的非正规聚集区❶家庭的占比从25%上升到68%（IBGE，2010）；垃圾收集系统在非正规聚集区的覆盖率从63%上升至82%（Marques et al.，2017）。在社会经济方面，圣保罗市的贫困率由2003年的28%下降至2011年的15%，失业率由2003年的19.9%下降至2010年的10.5%，拥有正规工作的市民占比从2002年的44.2%上升至2013年的53.9%（Marques et al.，2017）。圣保罗市也因实施了巴西最大规模的贫民窟改造项目之一而被授予2012年联合国人居奖❷。

纵观圣保罗非正规住房的形成过程和治理历程，主要可以分为以下五个阶段。

2.1.1　1920年以前：非正规住房形成阶段

圣保罗市形成于16世纪中期，至19世纪末已成为巴西咖啡贸易的枢纽。由于政府财力不足，当时圣保罗市的基础设施主要由私人公司建设和运营，权贵集中居住在圣保罗市的西南方。1900～1920年，圣保罗工业迅速发展，逐渐成为巴西的工业中心。同时，受城市美化运动影响，圣保罗市中心建设了一系列公共工程。与繁荣的富人区相比，工人阶级和穷人的生活环境非常恶劣。他们大多生活在城市东部的群租房里，多个家庭生活在一套房屋内，每个家庭挤在一个房间中，不同家庭之间共用浴室、厨房。巨大的贫富差距引发了大规模罢工与对抗（Marques，2016）。

2.1.2　1930～1963年：消极无视阶段

20世纪30～60年代，巴西采用了一种高度碎片化的社会保障体系，即根据个人职位以及对社会经济发展的贡献度赋予个人不同程度的权利。在这种制度下，多数低收入工人完全得不到法律保护。圣保罗市政府于1947年颁布第一部《土地使用法》，并成立城市事务部，其管理范围仅限于城市精英居住的中心地区。对于那些从巴西各地前来务工的穷人，圣保罗市几乎没有为其设计住房供应的公共政策。自此，圣保罗市形成了富人居住在市中心、穷人居住在城市郊区的空间结构（Marques，2016）。

---

❶ 非正规聚集区（aglomerados subnormais）指至少由51个棚屋（房屋）组成、缺乏基础设施、非法占用公共或私人土地的聚集区。巴西的非正规聚集区包含贫民窟、违法用地和违规用地三类非正规形式。

❷ UN - Habitat. 2012 Scroll of honour winners [EB/OL]. [2023-05-30]. https://unhabitat.org/scroll-of-honour.

2.1.3 1964~1986年：异地安置阶段

1964年，巴西军政府上台，成立国家住房银行（Banco Nacional de Habitação, BNH）和27家州级公共住房公司，首次尝试为低收入人群提供保障性住房。从1964年成立至1986年破产，国家住房银行一共建设了450万套社会住房（Herling et al.，2009）。与此同时，大量位于交通便捷地区的贫民窟被拆除，贫民被安置到这些社会住房中。然而，这种异地安置政策的效果并不理想：首先，这些住房项目多位于城郊，交通不便，居民不愿入住；其次，安置成本过高，政府财政难以为继；再次，项目中还存在雇用建筑商过程中的腐败现象，社会住房的整体质量较低（Marques，2016）。在这一阶段，巴西还制定了土地正规化的标准，以限制非正规定居点的发展。但由于法律的要求过于苛刻，土地所有者难以负担正规化所需的成本，非正规定居点反而进一步扩张（Pasternak，2010）。

2.1.4 1987~2000年：小规模就地升级阶段

在国家住房银行破产、军事政权倒台后，巴西民主政权回归。1988年巴西《联邦宪法》更新，其中对社会保障体系进行了改革，将低收入人群也纳入供水、供电、基础教育等公共政策的服务对象，并规定了各城市自行设计、实施贫民窟改造和土地使用权正规化方案。20世纪90年代，受政权更迭影响，圣保罗的贫民窟治理整体呈现小规模、碎片化特征。1989~1992年，圣保罗市尝试对140处贫民窟的土地权属进行正规化，由此启动了圣保罗市南部水库地区的贫民窟整治工作，并鼓励低收入居民自建住房，为其提供资金和技术支持。1993~1997年，市政府停止自建住房计划，并在美洲开发银行的资助下启动了新加坡组屋计划（Projeto Cingapura），将贫民窟就地改造为低层公寓楼。该计划呈现出与军政府时期即异地安置阶段类似的弊病——不仅政府的改造成本高，迁入公共住房的家庭也难以承受维护和管理费用。该计划总投资约2.2亿美元，旨在惠及3万户家庭，但最终只有14595户家庭从中受益。1997~2001年，圣保罗市延续了前两届政府的水源地贫民窟改造计划、公共住房计划和土地使用权正规化方案，但整体规模较小❶。

尽管这一阶段圣保罗市政府逐渐承认贫民窟就地升级的合理性，但其治理仍存在一些不足（França et al.，2011）：在改造措施方面，后两届市政府用公共住

---

❶ Cities Alliance. Integrating the poor: urban upgrading and land tenure regularisation in the city of Sao Paulo [EB/OL]. [2023-05-28]. https://www.citiesalliance.org/sites/default/files/CA_Docs/chapter-2%5B2%5D.pdf.

房替代棚户区的做法成本过高且规模有限；在法律方面，虽然宪法对贫民窟居民的土地使用权有所保护，但制度保障仍有待进一步完善；在资金方面，州政府、联邦政府几乎没有为圣保罗市提供资金支持；在行政程序方面，规划审批手续繁琐，各部门间信息不一致，给改造工程的实施带来重重阻力。

2.1.5　2001~2012年：大规模就地升级阶段

自2001年以来，圣保罗市进一步保障贫民窟居民不受驱逐的权利，支持非正规居住的土地使用权合法化。圣保罗市选择性地延续了前几任政府的贫民窟改造项目，包括停止了公共住房计划，转而采用就地升级的方式改造相关贫民窟，并继续支持居民自建住房行动以及水源地贫民窟的改造和正规化。对于非正规用地、贫民窟、群租房、公共住房等不同类型的非正规住房，圣保罗也制定了不同的计划：对于非正规用地，圣保罗市启动用地合法计划（Programa Lote Legal），在改善住户居住环境和土地使用权合法性的同时，解决与土地所有人相关的经济产权纠纷；对于贫民窟，圣保罗市启动合法邻里计划（Programa Bairro Legal）、贫民窟城市化计划（Programa Urbanização de Favelas）、土地权属正规化计划（Programa Regularização Fundiária），从环境建设、使用权合法化、法律和社会援助等多方面进行综合干预；对于群租房，在联邦政府增长加速计划（Programa de Aceleração do Crescimento, PAC）的资助下，圣保罗州政府通过圣保罗州住房和城市发展公司（Companhia de Desenvolvimento Habitacional e Urbano do Estado de São Paulo, CDHU）对群租房所在的圣保罗市中心区域进行综合性改造；对于公共住房，圣保罗市启动信贷恢复、社区振兴、土地权属正规化计划（Recuperação do Crédito, Revitalização do Empreendimento e Regularização Fundiári, 3Rs）进行整治。据统计，2005~2012年，以上计划共改善了36万户非正规家庭的生活品质（França et al.，2012）。

2.2　圣保罗非正规住房治理的空间类型

圣保罗市的非正规住房治理涵盖了非正规用地、贫民窟、公共住房、群租房4种类型。2003年，圣保罗市1043万居民中有近1/3（约333万）居住在非正规住房中，其中非正规用地、贫民窟、公共住房和群租房的居住人口分别约148万、116万、59万和11万（Budds et al.，2005）（表2-1）。非正规住房在空间分布上覆盖了从中心区到边缘区多个圈层，在空间尺度上包含了从房间、建筑到地块多个层次（图2-1）。

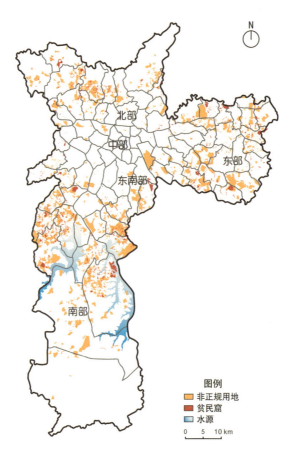

图2-1 圣保罗市贫民窟和非正规用地分布图（2000年）
（图片来源：改绘自Cities Alliance. Integrating the poor: urban upgrading and land tenure regularisation in the city of Sao Paulo ［EB/OL］．［2023-05-28］. https://www.citiesalliance.org/sites/default/files/CA_Docs/chapter-2%5B2%5D.pdf.）

2003年圣保罗市非正规住房类型及其居住人数　　　　　表2-1

非正规住房类型	人数（万人）	在全市人口中的比例（%）
非正规用地（违法用地、违规用地）	147.58	14
贫民窟	116.06	11
公共住房❶	58.63	6
群租房	10.75	1
总计	333.02	32

（数据来源：BUDDS J, TEIXEIRA P. Ensuring the right to the city: pro-poor housing, urban development and tenure legalization in São Paulo, Brazil ［J］. Environment and urbanization, 2005, 17（1）: 89-114.）

---

❶ 本章定义的公共住房既包括圣保罗市在20世纪60～80年代国家住房银行时期建设的公共住房，也包括90年代新加坡组屋计划时期修建的公共住房。该表格仅统计了居住在60～80年代建成的公共住房的人数。

2.2.1 非正规用地

非正规用地的违规主体是开发商。依据巴西法律，城市土地可以通过划定（loteamento）或分割（desmembramento）形成地块。通过划定形成地块会在土地内部开辟新的街道或公共场所，且街道和公共场所的产权将属于政府；通过分割形成地块则不会有这一过程❶。合法用地会增加土地开发成本，一是审批周期较长，可达3~5年之久（Pasternak，2010）；二是政府划定用地功能要求较高，规定应有15%的用地用于绿化、5%的用地用于公共服务❷。在利益驱动下，很多开发商未经市政府批准擅自完成了住区的规划建设，由此形成了违法用地（loteamento clandestinos，英文为illegal subdivisions）。一些房地产项目在方案阶段通过了市政府批准，但建设时没有完成应有的基础设施、公共区域或道路工程，这种非正规建设形式被称为违规用地（loteamentos irregulares，英文为irregular subdivisions）。违法用地和违规用地往往环境品质较差，缺乏幼儿园和卫生站等公共服务设施，给周边社区带来极大负担。此外，违法用地还常出现房地产骗局，即土地在未经所有者同意的情况下，被第三方开发为房地产项目并出售给居民，使居民陷入被土地所有者起诉的风险❸。

2.2.2 贫民窟

贫民窟的违规主体是住户。联合国对贫民窟（slum）的定义为"缺乏合格的水、卫生设施，居住面积不足，住房结构质量差，产权安全性不足的居住区"（Oyeyinka，2010）。巴西对贫民窟作出了更明确的定义，强调其是居住者擅自侵占公共或者私人土地的结果（França et al.，2012）（图2-2）。

---

❶ Presidência da República. Lei no 6.766, de 19 de Dezembro de 1979 [EB/OL]. [2022-02-27]. http://www.planalto.gov.br/ccivil_03/leis/l6766.htm.

❷ Prefeitura de São Paulo. Lei nº 7.805 de 1 de Novembro de 1972 [EB/OL]. [2022-08-04]. https://legislacao.prefeitura.sp.gov.br/leis/lei-7805-de-01-de-novembro-de-1972.

❸ Cities Alliance. Integrating the poor: urban upgrading and land tenure regularisation in the city of Sao Paulo [EB/OL]. [2023-05-28]. https://www.citiesalliance.org/sites/default/files/CA_Docs/chapter-2%5B2%5D.pdf.

2.2.3 群租房

群租房的违规主体是房东。根据圣保罗的相关法律，群租房的定义为"在城市地块上以正规或非正规方式出租的建筑物。通常一间房间为一户共用，同时承担卧室、客厅等多种功能；多户租户共用厨房和卫生间，往往存在卫生条件差、消防隐患大、人满为患等问题"❶。与贫民窟和非正规用地不同，群租房多由市中心的废弃建筑改造而成，周边基础设施和公共服务齐全。但群租房的租赁市场是非正规的，通常存在没有正规租约、房东不具备建筑所有权等情况。群租房出现的原因有二：一是能够降低成本，建筑改造不必执行国家住房标准；二是能够提升租金，不受正规租赁市场的价格控制。相关调查表明，在圣保罗市群租房每平方米的租金接近同一地区正规租赁住房的两倍（Oyeyinka，2010）。群租房恶劣的卫生条件和高昂的租金严重影响居民的生活品质，也对圣保罗市中心的风貌与治安造成不利影响（图2-3）。

2.2.4 公共住房

公共住房的违规主体是住户。圣保罗市的公共住房由政府修建，以20世纪60~80年代国家住房银行时期修建的公共住房为主，也包括90年代借鉴新加坡组屋制度修建的公共住房。由于维护不当，公共住房也会出现非正规居住现象。例如，大量住户拖欠住房分期付款和水电费；户外空间存在私搭乱建现象，逐渐演变为小型贫民窟（图2-4）。

2.3 圣保罗非正规住房治理的制度保障

20世纪以来圣保罗非正规住房治理取得的显著成效有赖于保障土地使用权、划定特别社会利益区、多方获取资金、搭建项目统筹平台等一系列制度的支持。

---

❶ Prefeitura de São Paulo. Lei nº 10.928 de 8 de Janeiro de 1991 [EB/OL]. [2022-08-04]. https://legislacao.prefeitura.sp.gov.br/leis/lei-10928-de-08-de-janeiro-de-1991.

图2-2 圣保罗市非正规用地/贫民窟❶
(图片来源:OYEYINKA O. São Paulo: a tale of two cities [M]. Nairobi: UN-Habitat,2010.)

图2-3 圣保罗市群租房
(图片来源:OLIVEIRA A. A História do Maior Cortiço Vertical do Brasil – O Edifício Treme Treme [EB/OL]. [2023-04-17]. https://www.saopauloinfoco.com.br/o-edificio-treme-treme/.)

图2-4 圣保罗市公共住房
(图片来源:G1 São Paulo. Casas irregulares invadem Cingapura e são vendidas por R$ 50 mil em SP [EB/OL]. [2023-04-17]. https://g1.globo.com/sao-paulo/noticia/2016/11/casas-irregulares-invadem-cingapura-e-sao-vendidas-por-r-50-mil-em-sp.html.)

---

❶ 非正规用地与贫民窟外观类似,常同时出现。

2.3.1 立法保障土地使用权

圣保罗得以开展如此大规模的非正规住房正规化行动，离不开巴西联邦层面制定并出台的法律政策的支持。1988年巴西《联邦宪法》在第183条提出了向占用者赋予土地使用权的可能：在没有其他城市或农村土地财产的前提下，如果个人不间断占用面积不超过250m^{2}的地块用于居住达到5年，且占用期间没有土地所有者提出反对，那么便可获得该土地的使用权❶。2001年《城市法》又提出了集体使用权的概念❷。相较于逐户登记并发放个人土地使用权，授予集体使用权能够更快地实现非正规定居点的土地规范化。在2001年出台的第2220号法案中，这种土地使用权被命名为住房专用特许权（concessão de uso especial para fins de moradia）❸。

2.3.2 设置特别社会利益区推动居住区正规化

在城市层面，圣保罗市通过特别社会利益区（Zonas Especiais de Interesse Social, ZEIS）制度促进低收入住房建设和土地使用权合法化。根据相关法律，特别社会利益区是由市政府划定的，通过城市品质提升、生态环境恢复和非正规定居点的土地规范化等措施，为低收入人口提供体面住房，并规划新建社会福利住房的区域，为其配备公共服务、基础设施、公园绿地和商业等设施。特别社会利益区共分五类，其中"ZEIS 1"与非正规住房的关系最为密切，是存在贫民窟、非正规用地的特别社会利益区❹。在所有的贫民窟或非正规用地中，圣保罗市优先选择卫生、建筑结构、消防、基础设施、社会经济条件较差的区域作为"ZEIS 1"，集中分布于圣保罗市的北部、南部水源地带和东部远郊（Herling et al.，2009）（图2-5）。

与城市中的其他用地相比，特别社会利益区有两点特殊性：其一，区内非正规定居点的居民不得被驱逐，且只要区内基础设施和生活条件达标，就可以

---

❶ Presidência da República. Constituição da república federativa do Brasil de 1988 [EB/OL]. [2022-02-27]. https://www.planalto.gov.br/ccivil_03/Constituicao/Constituicao.htm.

❷ Presidência da República. Lei no 10.257, de 10 de Julho de 2001 [EB/OL]. [2022-02-27]. https://www.planalto.gov.br/ccivil_03/Leis/LEIS_2001/L10257.htm.

❸ Presidência da República. Medida provisória no 2.220, de 4 de Setembro de 2001 [EB/OL]. [2022-02-27]. https://www.planalto.gov.br/ccivil_03/MPV/2220.htm.

❹ Prefeitura de São Paulo. Lei nº 16.050 de 31 de Julho de 2014 [EB/OL]. [2022-02-27]. http://legislacao.prefeitura.sp.gov.br/leis/lei-16050-de-31-de-julho-de-2014/.

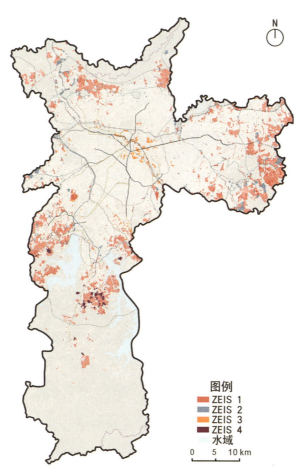

图2-5 圣保罗市特别社会利益区分布图（2013年）
（图片来源：改绘自Cidade de São Paulo. Projeto de Revisão do Plano Diretor Estratégico［EB/OL］.［2023-05-28］. https://gestaourbana.prefeitura.sp.gov.br/arquivos/mapas_pde/Mapas/04_ZEIS/PDF.zip.）

在不符合常规规划标准的情况下将土地使用权合法化（Budds et al.，2005）；其二，区内的开发项目需建设一定比例的社会住房，以"ZEIS 1"为例，面向经济困难群体的1类社会利益住房（Habitação de Interesse Social 1，HIS 1）至少需占总建筑面积的60%，而相对高档的大众市场住房（Habitação de Mercado Popular，HMP）则不得超过总建筑面积的20%❶（表2-2）。

---

❶ Prefeitura de São Paulo. Lei nº 16.050 de 31 de Julho de 2014［EB/OL］.［2022-02-27］. http://legislacao.prefeitura.sp.gov.br/leis/lei-16050-de-31-de-julho-de-2014/.

圣保罗市社会住房的相关规定　　　　　　　　　表2-2

建筑类型	居住此类住房中的家庭最高收入	总建筑面积在ZEIS 1总建筑面积中的占比
1类社会利益住房（HIS 1）	不高于3倍最低工资	不低于60%
2类社会利益住房（HIS 2）	3~6倍最低工资	—
大众市场住房（HMP）	6~10倍最低工资	不高于20%
其他居住或非居住功能建筑	—	不高于20%

注：（1）巴西1988年《联邦宪法》中第7条规定，雇主对员工支付的工资不得低于一定额度，以满足员工的基本需求，包括住房、食品、教育、保健、休闲、衣物、卫生、交通和社会保障等，该额度即最低工资，政府会定期调整最低工资以保证居民的购买力；
（2）表中"—"表示对此不作要求。
（资料来源：Prefeitura de São Paulo. Lei nº 16.050 de 31 de Julho de 2014［EB/OL］.［2022-02-27］. http://legislacao.prefeitura.sp.gov.br/leis/lei-16050-de-31-de-julho-de-2014/.）

2.3.3　多级政府投入资金支持计划开展

在资金层面，为扩大财政来源，圣保罗市向世界银行、美洲开发银行寻求支持，同时整合联邦、州、市三级政府的住房方案，将增长加速计划等联邦、州提供的资源进行集中与再分配。据统计，2005~2010年，圣保罗城市住房规划在筹备阶段共耗资约35亿巴西雷亚尔（约43亿元人民币），其中市政府资金占60%，联邦政府和州政府投资各占20%（França et al.，2012）。

2.3.4　搭建信息平台统筹多元升级计划

自2006年起，圣保罗市住房秘书处通过统一的信息化平台——圣保罗市社会住房信息系统（sistema de informações para habitação social de São Paulo, Habisp）❶对各项社会住房计划与非正规改造计划进行管理。该系统整合了圣保罗市各类非正规用地的区位、基础设施、社区治安、在建项目等信息，将依此确认其改造优先级并为其匹配最适合的计划，确保政府投资的高效利用。

2.4　圣保罗非正规住房治理的实施策略

在非正规住房治理过程中，圣保罗市围绕非正规用地、贫民窟、群租房、公共住房等非正规住房类型开展了包括生存包容、发展包容和社会包容等多个层面的实施策略（表2-3）。

---

❶ https://mapa.habitasampa.inf.br/.

圣保罗市非正规住房包容性治理策略 表2-3

类型	生存包容	发展包容	社会包容
非正规用地	建设道路、水、电等市政基础设施	利用滨水、街角等空间营造运动场地，根据居民需求配套商业和职业发展设施	督促或代替开发商规范用地
贫民窟			劝说土地所有者接受经济补偿而非驱赶住户
公共住房	督促居民缴纳物业费，维护基础设施	选取旧建筑改造为社区中心	重新确定住房分期付款方式，增加社区创收途径
群租房	规范居住密度与卫生设施数量，定期检查设施	更新周边街坊，并将群租房设为特别社会利益区，避免绅士化	督促形成正规租约，并为低收入人群在市中心购买住房提供优惠

2.4.1 生存包容：拥有基础设施保障，享有体面居住环境

圣保罗市注重全面提升基础设施，包括提供饮用水、下水道、电力、路灯、道路铺装、排水系统、垃圾回收等多个方面，并始终坚持先改善环境再确权，优先保障体面的居住环境（França et al.，2012）。不同非正规住房由于问题严重程度不同，改善方式也不尽相同。

对于贫民窟、非正规用地等缺乏市政基础设施的社区，圣保罗市注重修建综合的道路、雨水、电力系统。以圣保罗贫民窟改造的代表项目尼罗村（Vila nilo）为例，改造工程以道路建设为起点，确保社区内所有道路宽度不小于4 m，配备排水管道并进行路面硬化。占用道路或位于地质风险区域的住宅将被拆除，并尽可能在社区内重建。随后，以道路结构为骨架构建基础设施网络，保证每户家庭都可以获得供水、供电、污水处理等服务，并且每周进行三次垃圾回收（França et al.，2011）（图2-6～图2-8）。

对于具备市政基础设施但住房内部缺乏厨卫设施的群租房，圣保罗市重点规范居住人口的密度与设施数量。例如，房间的最小面积为$5m^2$，人均建筑面积不得小于$4m^2$，房间的开间和进深均不得小于2m；每20名群租房居民至少拥有1个水箱、1个水槽和1个卫生间[1]。群租房的电、煤气等基础设施也需依据规范要求进行改造，费用由政府承担，改造完成后政府将为群租房授予财产使用证书，该证书每两年更新一次（图2-9）[2]。

---

[1] Prefeitura de São Paulo. Lei nº 10.928 de 8 de Janeiro de 1991 [EB/OL]. [2022-08-04]. https://legislacao.prefeitura.sp.gov.br/leis/lei-10928-de-08-de-janeiro-de-1991.

[2] Prefeitura de São Paulo. Decreto nº 33.189, de 17 de Maio de 1993 [EB/OL]. [2022-08-04]. https://legislacao.prefeitura.sp.gov.br/leis/decreto-33189-de-17-de-maio-de-1993.

图2-6 尼罗村更新后鸟瞰
（图片来源：FRANÇA E, COSTA K P, CYRILLO M O V. Vila Nilo [M]. São Paulo: Secretaria Municipal de Habitação, 2011.）

图2-7 尼罗村更新后的道路和房屋
（图片来源：FRANÇA E, COSTA K P, CYRILLO M O V. Vila Nilo [M]. São Paulo: Secretaria Municipal de Habitação, 2011.）

图2-8 尼罗村叠拼住宅平面图、立面图
（图片来源：FRANÇA E, COSTA K P& CYRILLO M O V. Vila Nilo [M]. São Paulo: Secretaria Municipal de Habitação, 2011.）

改造前

改造后

图2-9　圣保罗市群租房卫生间改造前后对比
（图片来源：LÓPEZ A, FRANÇA E & COSTA K P. Cortiços: A Experiência de São Paulo［M］. São Paulo: HABI Superintendência de Habitação Popular, 2010.）

公共住房由政府主持建设，各类市政设施相对齐全，其面临的主要问题是年久失修。在这种情况下，圣保罗市主要以居民缴纳的物业费用于基础设施维护。政府工作人员深入社区调研，在获得居民信任的基础上，开展维护水和能源设施的教育，与居民共同管理社区❶。

2.4.2　发展包容：共享多元公共空间，获得经济发展机会

公共设施和公共空间的营造也是圣保罗市非正规住房治理的重要环节。贫民窟和非正规用地的户外空间拥挤，对公共空间的需求最为迫切，并且居民社会经济基础较为薄弱，急需发展机会。对于公共空间，圣保罗市利用滨水、街角等空间营造多样化的运动场地，包括滑板场、足球场、跑道、景观绿地等；并利用公共空间连通各社

---

❶ Programa 3 R's reduz inadimplência nos conjuntos Cingapura［EB/OL］.［2023-05-28］. https://www.prefeitura.sp.gov.br/cidade/secretarias/habitacao/noticias/?p=4273.

区，成功促进不同阶层居民的交往和社会融合（França et al.，2012）(图2-10)。对于公共设施，圣保罗市在充分了解居民需求的基础上进行建设。例如，在赫里奥波利斯社区（Heliópolis），社区内原有的13处商铺得以完全保留并进行了改造提升（Cidade de São Paulo Habitacão，2008）；在尼罗村，住房秘书处不仅新建了占地约90m²的社区活动中心，用于组织观影、戏剧表演等艺术活动以及与其他社会组织的合作活动，还针对居民多以废品回收为业的特点，专门建设了占地390m²的垃圾分类中心，内设15个储存室，并帮助居民成立回收协会以交流工作经验，并使居民废品回收的利润增长了60%（França et al.，2011）(图2-11)。

公共住房的户外空间相对充足，但缺乏公共服务设施，需通过既有建筑改造、公共空间翻新补充配套。以圣埃特尔维纳社区（Santa Etelvina）为例，政府将一栋旧建筑改造成社区中心，内含社区办公室、保健中心、计算机房、面包店和诊所等功能（Budds et al.，2005）。

群租房地处市中心，周边公共空间、公共设施条件较好，政府的更新工作主要围绕提振内城展开。在更新过程中，为了避免群租房的绅士化现象，政府将群租房所在社区设置为特别社会利益区（Oyeyinka，2010）。

2.4.3　社会包容：享有社区参与权利，获得政府法律援助

除了设置特别社会利益区、住房专用特许权等政策工具，圣保罗市还会根据具体情况向非正规住房的住户提供法律支援，保障其居住和租住的合法性，并在改造过程中与居民共同成立管理委员会，让居民充分参与社区发展决策。

非正规用地的住户大多已从开发商手中购买了土地使用权，如果开发商土地开发不规范、住户居住条件不佳，且使用权正规性不受政府认可，圣保罗市的非正规用地正规化部门（Departamento de Regularização de Parcelamento do Solo，RESOLO）将追查开发商，责令其依照法律规范完成用地的正规化。如果开发商不回应或不合作，该部门将在开发商缺席的情况下继续完善基础设施，提供使用权合法化服务，并启动法律程序向开发商收回整个过程的成本（基础设施、法律程序和市政府的相关成本）（Budds et al.，2005）。

在贫民窟，当住户占用的土地为私人所有时，常会受到土地所有者起诉。在这种情况下，圣保罗市的低收入住房部门（Superintendência de Habitação Popular，HABI）将进行协调，劝说土地所有者接受经济补偿而非驱逐占地者。

如果贫民窟或非正规用地被认定为"ZEIS 1"，政府还将成立特别社会利益区管理委员会，负责制定社区的改造规划并跟进实施。特别社会利益区管理委员

图2-10 尼罗村公共空间改造前后对比
（图片来源：FRANÇA E, COSTA K P, CYRILLO M O V. Vila Nilo [M]. São Paulo: Secretaria Municipal de Habitação, 2011.）

图2-11 尼罗村新建的活动中心（左）和垃圾回收站（右）
（图片来源：FRANÇA E, COSTA K P, CYRILLO M O V. Vila Nilo [M]. São Paulo: Secretaria Municipal de Habitação, 2011.）

会由居民代表和住房、卫生、教育部门的政府人员共同组成，保证居民能够深度参与规划决策❶。例如，在尼罗村的改造中，住房秘书处的技术团队基于对社区的家庭数量、建筑功能、地质风险区域、居民改造需求的详细调研，提出了3种改造方案供居民选择，最终建设最多双层住宅的方案三获得了84.3%的居民的支持（表2-4、图2-12）。

---

❶ Prefeitura de São Paulo. Lei nº 16.050 de 31 de Julho de 2014 [EB/OL]. [2022-02-27]. http://legislacao.prefeitura.sp.gov.br/leis/lei-16050-de-31-de-julho-de-2014/.

尼罗村更新方案比选

表2-4

	方案平面图	设计说明
方案一		方案一最为保守，仅拆除存在地质风险的住宅和位于规划道路与市政管网上的174套住宅，在社区北侧的空地新建可容纳102户的双层叠拼住宅组团，并在社区外为72户家庭提供新住房单元
方案二		方案二较为激进，除必须拆除的住宅外，还拆除了沿水沟的住宅以营造公共空间，共计拆除220套住宅。同时，方案拟在社区北侧的空地新建可容纳50户的双层住宅组团和可容纳104户的公寓组团，并在尼罗村外为66户家庭提供住房单元
方案三		方案三是方案一与方案二的结合。一方面，该方案与方案二类似，拆除位于风险区、市政管网、规划道路和水沟沿线的共计218套住宅；另一方面，与方案一类似，该方案在北侧空地仅新建双层叠拼住宅，为154户提供住房，并在社区外为64户家庭提供住房单元

（资料来源：FRANÇA E, COSTA K P & CYRILLO M O V. Vila Nilo [M]. São Paulo: Secretaria Municipal de Habitação, 2011.）

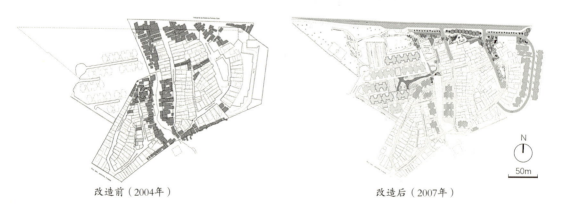

改造前（2004年）　　　　改造后（2007年）

图2-12　尼罗村更新前后平面图
（图片来源：FRANÇA E, COSTA K P & CYRILLO M O V. Vila Nilo [M]. São Paulo: Secretaria Municipal de Habitação, 2011.）

对于群租房租户，圣保罗市进行了立法，以督促房东、物业、租户形成正规租约，并协调三方签署改善居住条件的协议，必要时政府还可以从房东手上没收财产❶。同时，圣保罗州住房和城市发展公司通过在市中心改造群租房以及新建住房等方式，增加了低收入群体的居住机会。如果低收入人群通过正规渠道购买社会住房，该公司将为购房者提供信贷支持❷。

对于公共住房，圣保罗市政府将依据住户的经济状况重新确定分期付款时限和金额，并与居民共同讨论为社区创收的方法，如在墙上绘制广告等。据统计，在公共住房改造的四个试点区，社会援助成功地使平均分期付款拖欠率从67%下降至39%❸。

为了应对我国非正规住房治理转型的制度设计需求，本章以非正规住房改造卓有成效的巴西圣保罗市为例，回顾了治理模式从排斥性大规模拆迁向包容性就地升级转变的历程，并基于包容性治理的分析框架，对圣保罗非正规住房更新治理的实施机制展开了研究。研究发现，圣保罗非正规住房的治理对象不仅局限于贫民窟，还包括非正规用地、群租房、公共住房等多种类型，涵盖了从中心区到边缘区的多个圈层，以及房间、建筑和地块等多种尺度。如此多元的非正规住房治理工作的顺利开展，得益于系统性的制度设计和精细化的实施策略。圣保罗非正规住房治理工作可为我国大城市包容性更新治理提供以下启示。

首先，应以保障居住权为目标，构建覆盖各种非正规住房类型的治理体系。我国大城市非正规住房类型多样，除表面"可见"的城中村外，还包括传统街区大杂院、老旧小区群租房、商品房地下室等大量表面"不可见"的非正规居住空间❹。然而长期以来，受到排斥性治理思路影响，规划管理者对各类空间正规化路径的探讨还较为匮乏。圣保罗市并非没有经历过类似的排斥性治理阶段，但实

---

❶ Prefeitura de São Paulo. Decreto nº 33.189, de 17 de Maio de 1993 [EB/OL]. [2022-08-04]. https://legislacao.prefeitura.sp.gov.br/leis/decreto-33189-de-17-de-maio-de-1993.

❷ CDHU, Governo do Estado de São Paulo. Relatório Geral do Programa de atuação em cortiços [EB/OL]. [2022-08-04]. https://www.cdhu.sp.gov.br/documents/20143/37069/RelatorioGeralProgramaCorticos.pdf/cef12342-5419-23a0-bf8c-95360484fe86.

❸ Programa 3 R's reduz inadimplência nos conjuntos Cingapura [EB/OL]. [2023-05-28]. https://www.prefeitura.sp.gov.br/cidade/secretarias/habitacao/noticias/?p=4273.

❹ 参见本书第1.4节。

践证明其治理效果并不理想。圣保罗对非正规住房治理理念转变的关键在于确立了保障低收入群体享有就地居住权的治理目标，进而将有限的资金用于非正规住房的就地升级。借鉴圣保罗经验，我国迫切需要将宏观的包容性发展理念落实到具体的空间规划管理政策，将非正规住房治理作为城市更新的一项重要内容，通过全面摸底、分类分析，探讨制度化的治理框架和实施路径。

其次，建议通过城市规划和土地确权，将非正规住房纳入城市公共住房体系。巴西的非正规住房主要源自低收入群体对私人和公共土地或住房的违规占用，因其为低收入群体提供了安身之所，各级政府仍本着物尽其用的原则承认其合法性，并围绕空间质量提升这一核心开展空间治理。相较而言，我国大部分非正规住房产权相对明晰，主要问题在于前期规范缺失、后期监管不力以及治理手段不当，治理所面临的制度障碍相对较少。在制度建设中，圣保罗通过立法保障土地使用权、划定特别社会利益区将非正规住房纳入城市总体规划、多方获取资金支持、搭建统一信息平台统筹匹配多元升级计划等一系列制度安排，为我国大城市搭建非正规住房与城市公共住房统筹联动体系提供了有益借鉴。

再次，建议通过全方位、全过程的包容性治理策略，保障非正规住房治理发挥最大的社会效益。非正规住房是城市中最脆弱的空间之一，非正规住房的居民是城市中被边缘化的群体。在非正规住房更新治理过程中，需要通过改造危房、改善基础设施、植入公共空间和公共设施等措施，以及提供相关的法律援助和经济支持等方式，从生存、发展和社会多个层面关注非正规住房居民的全面发展。圣保罗探索的将空间提升与社会发展相结合的治理方法对于我国开展精细化的非正规住房治理实践具有重要参考价值。

说明：本章内容已发表，有修改，详见：洪千惠，陈宇琳. 包容性视角下非正规住房治理研究——以巴西圣保罗为例[J]. 国际城市规划，2023（4）：83-90.

第 3 章
美国纽约地下室合法化改造

地下室是非正规居住空间的一种重要类型，尤其是在大城市高密度的建成环境下，地下室这一宝贵的存量空间是重要的可负担居住空间来源。但在现实中，其却多因空间条件差、安全隐患大而未得到有效利用。本章以美国纽约的最新实践为例，对纽约地下空间合法化改造的实施机制、关键策略和实施成效进行分析。首先梳理了社区组织推动、多方共同参与、政府纳入规划的工作历程。其次针对地下室合法化面临的业主改造积极性不高、房租上涨和社区公共服务压力增加等挑战，详细分析了法律规范修订、政府贷款支持、房屋租金控制等关键策略，并介绍了项目试点开展情况，以及全市推广尚待解决的问题。最后，针对我国非正规居住空间合法化改造面临的制度障碍，提出将地下空间纳入保障性住房体系、在不影响安全健康的前提下探索规范标准的创新、通过制度设计积极应对正规化引发的新问题、多部门联合推动等对策建议。

人类利用地下空间的历史由来已久。在当代大城市高密度建成环境中，地下空间更是发挥了前所未有的重要作用，承担着防灾、交通、市政、商业服务、公共管理、公共服务、仓储等诸多功能❶。然而在已有地下空间利用相关研究中，对居住功能的研究还很不足。在我国特大城市减量发展背景下，针对如何在用地不增加的情况下增加可负担的居住空间，急需加强对地下空间居住功能利用的研究。

纽约作为全球城市吸引着世界各地的移民迁入，住房市场长期面临租金高企与供应短缺的压力，住房可负担性危机日益加剧。2017~2021年的美国社区调查（American Community Survey）显示，2021年纽约市人口超过873万，全市共有约325万个非空置的住房单元❷，其中有66.8%用于出租❸。纽约市的租赁住房空置率长期稳定在5%以下，根据纽约州法律，属于住房供应紧张状态❹，住房供需矛盾十分突出。

作为一种非正规的居住形式，纽约违规租赁的地下室为30万~50万人提供了住所，这意味着大约每25个纽约人中就有1人居住在地下室❺。旺盛的地下室出租市场需求反映出地下室独特的吸引力：对于租户而言，地下室公寓由于没有土地成本（Albouy et al.，2018），租金低廉，通常约为合法租赁单元租金的2/3❻；对

---

❶ 2020中国城市地下空间发展蓝皮书［EB/OL］.［2021-03-28］. https://view.ckcest.cn/ZKZTK/DXKJ.

❷ 住房单元判断的依据是该单元内的居住者不与建筑物中的其他人同住和同食，并可从建筑物外或通过公共走廊直接进入单元。只要满足上述条件，住房单元可以是一座房屋、一间公寓、一组房间或一个房间。参见：U.S. Census Bureau. Housing vacancies and homeownership（CPS/HVS）: definitions and explanations［EB/OL］.［2020-12-13］. https://www.census.gov/housing/hvs/definitions.pdf.

❸ NYC Department of City Planning. NYC planning population factfinder［EB/OL］.［2023-05-04］. https://popfactfinder.planning.nyc.gov/explorer/cdtas/BK05?acsTopics=all&source=acs-current.

❹ NYC Department of Housing Preservation & Development. 2021 New York City housing and vacancy survey selected initial findings［EB/OL］.［2023-05-04］. https://www.nyc.gov/assets/hpd/downloads/pdfs/services/2021-nychvs-selected-initial-findings.pdf.

❺ Chhaya Community Development Corporation, Pratt Center for Community Development. New York's housing underground: a refuge and resource［EB/OL］.［2020-12-13］. https://prattcenter.net/uploads/0520/1589551661187062/Housing_Underground.pdf.

❻ Chhaya Community Development Corporation, Pratt Center for Community Development. New York's housing underground: a refuge and resource［EB/OL］.［2020-12-13］. https://prattcenter.net/uploads/0520/1589551661187062/Housing_Underground.pdf.

于房主而言，房屋租金为低收入房屋所有者提供了重要经济来源。在纽约独立房屋的业主中，有46.8%背负贷款且住房开销超过收入的30%❶。尽管地下室租赁对于供需双方都意义重大，由于其采光和通风不足、不符合消防安全要求、安全事故频发❷，大部分地下住房单元无法进入合法租赁市场成为城市可负担住房的补充。针对这一问题，纽约市相关社区组织、研究机构和政府部门自2008年以来对地下居住空间合法化改造进行了持续性探索，并推动纽约市政府于2019年正式通过地方建筑规范的修订，在布鲁克林区东纽约社区（East New York）开展试点实践。

本章以纽约市为例，对非正规地下居住空间的合法化改造进行研究。本章所使用的数据资料主要源自2018年5月笔者在纽约市城市规划局（Department of City Planning）访问期间与拉戈（Marisa Lago）局长、霍姆（Christopher Holme）以及相关项目负责人的座谈调研，当时纽约市地下室改造项目尚处于东纽约社区调查阶段，建筑规范修订稿提交纽约市政府审理。笔者持续追踪项目进展，通过查阅纽约市政府、纽约市城市规划局、东纽约社区等相关政策、规范、报告、数据以及研究，对纽约市最新的地下空间合法化改造经验进行总结。下面首先介绍地下室合法化改造的探索历程，其次分析纽约市在修订相关法律规范、对业主的资金支持、住房可负担性保障等方面提出的针对性措施，然后介绍地下室改造试点项目的实施进展以及推广情况，最后提出对我国非正规空间治理的启示。希望本章能为我国特大城市在存量发展阶段的非正规居住空间合法化改造提供低成本模式的借鉴。

3.1 纽约地下室改造概况

纽约市地下空间改造经历了长期的探索过程，并且得到城市住房管理部门、可负担住房领域的非政府机构以及多个社区组织的共同推动。2008年，查雅社

---

❶ New York City Council. Hearing testimony 11-13-18 [EB/OL]. [2020-12-13]. https://legistar.council.nyc.gov/View.ashx?M=F&ID=6787560&GUID=73958BA4-9AC9-476B-9E0F-80EF58AB62B3.

❷ 例如，2020年11月2日，布鲁克林区有两名男性在非法改造的地下室公寓内因一氧化碳中毒身亡。资料来源：https://nypost.com/2020/11/03/apartment-where-2-died-of-carbon-monoxide-was-illegally-converted/.

区发展公司（Chhaya Community Development Corporation）和普瑞特社区发展中心（Pratt Center for Community Development）等非营利性机构发起"面向所有人的安全地下室公寓"（Basement Apartment Safe for Everyone, BASE）项目，通过持续的社区调查摸清了纽约地下空间这类潜在住房资源的数量和分布情况（图3-1），并在公开报告中论证了地下室合法化改造的可行性❶。2014年，纽约市市长布拉西奥（Blasio）在"安居纽约计划"（Housing New York）中明确指出，以地下室为代表的非正规住房单元需要被纳入监管❷。2016年，地下室合法化试点的前期研究在布鲁克林区的东纽约社区启动，参与该研究的机构既包括活跃的社区组织，也包括纽约市住房保护和开发局（Department of Housing Preservation and Development, HPD）、房屋局（Department of Building, DOB）、消防局（Fire Department New York, FDNY）和城市规划局（Department of City Planning, DCP）等多家政府机构。该研究以社区的人口与建筑物调查数据为基础，通过确定可行的目标与恰当的实施机制，共同推动市议会在2019年通过地方法律，并批准试点项目在该社区正式实施，由住房保护和开发局与社区组织（Community-based Organization, CBO）柏树山地方发展公司（Cypress Hills Local Development Corporation, CHLDC）合作管理。2020年，"安居纽约计划"进入第三阶段❸，为了释放未被充分利用的可负担住房资源，地下室公寓单元合法化成为其中一项明确的政策，一系列具体举措如修改区划、简化业主申请流程、提供低息贷款等也包括在内（图3-2、表3-1）。

---

❶ HAFETZ D, MATRANGA F, REESER G, et al. Background guide on how to legalize cellar apartments in New York City [EB/OL]. [2020-12-13]. https://basecampaign.files.wordpress.com/2013/06/background-guide-on-how-to-legalize-cellar-apartments-in-new-york-city-final.pdf.

❷ City of New York. Housing New York: a five-borough, ten-year plan [EB/OL]. [2020-12-13]. https://www1.nyc.gov/assets/hpd/downloads/pdfs/about/housing-new-york.pdf.

❸ NYC Mayor Office. State of the city 2020: legalize basement apartments and accessory units [EB/OL]. [2020-12-13]. https://www1.nyc.gov/assets/home/downloads/pdf/office-of-the-mayor/2020/Legalize-Basement-Apartments.pdf.

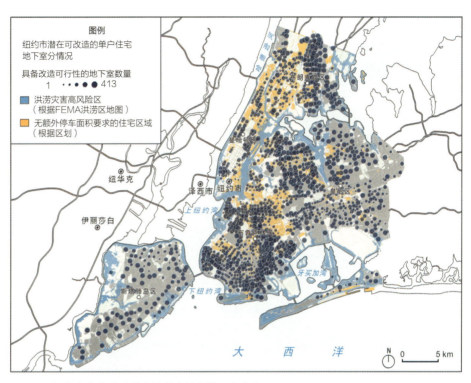

图3-1 纽约市内有改造潜力的单户住宅地下室分布
(图片来源：改绘自https://chpcny.org/hidden-housing-interactive-map/)

图3-2 纽约带地下室的住宅
(图片来源：https://ny.curbed.com/)

纽约市地下居住空间合法化改造项目发展历程和参与主体　　　　表3-1

发展历程		参与主体			
阶段	时间	非政府组织	社区组织	相关政府部门	市议会
前期研究（自下而上）：由社区组织收集并分析基础情况，形成对城市管理和政策制定的建议并与相关部门合作开展研究	2008年	查雅社区发展公司与普瑞特社区发展中心发起"面向所有人的安全地下室公寓"项目，调查全市地下室的基础情况，考察地下室合法化改造的可行性	—	—	—
	2014年	—	—	市长布拉西奥提出"安居纽约计划"，指出非正规的地下室住房单元需要被纳入监管	—
	2016年	对东纽约社区进行调查，并提供房主人口统计和实际住房存量的样本数据	—	住房保护和开发局等部门参与东纽约社区试点研究工作，补充可行性分析，确定监管与财政障碍并提供解决方案	—
试点实施（自上而下）：由市议会和政府提供法律与财政保障，支持社区组织推动项目落实	2019年	协调专业技术人员，在保障居住者安全与健康的前提下，给出可行的地下室空间改造建议	柏树山地方发展公司与东纽约社区内有参与意愿的业主建立联系，并为改造施工和合法化审批过程提供帮助	建立金融支持体系，为业主进行地下室更新提供专项贷款，同时作为改造后租金控制的基础	通过纽约市地方法律2019年第49号（2019 N.Y.C. Local Law No.49），修订建筑规范，批准试点项目在东纽约社区正式实施
	2020年至今	通过试点项目进一步检验改造的可行性，评估其效应，以支撑在全市更大规模地推广决策。地下室公寓单元合法化是"安居纽约计划"第三阶段中一项明确的政策，有望在未来10年内为纽约提供1万套安全合法的住房			

（资料来源：Chhaya Community Development Corporation, Pratt Center for Community Development. New York's housing underground: a refuge and resource［EB/OL］.［2020-12-13］. https://prattcenter.net/uploads/0520/1589551661187062/Housing_Underground.pdf; New York City Department of Housing Preservation & Development（HPD）, Cypress Hills Local Development Corporation（CHLDC）. The basement apartment conversion pilot program homeowner resource guide［EB/OL］.［2020-12-13］. https://prattcenter.net/uploads/0820/1597188504756703/BACPP_Guide_-_Full_Layout_-_DRAFT.pdf）

3.2 纽约地下室合法化改造挑战

　　地下室的合法化改造可能面临的阻力主要来自业主、租户和社区其他居民三方。第一，业主缺乏改造的动机❶与资本。通过违规出租地下室甚至地窖来获得部分收入的业主大多属于中低收入阶层。在止赎危机和经济衰退后，纽约很多房屋的所有者因需要负担住房基本开销（包括偿还贷款和进行必要修缮）而生活艰难，这种非正规租赁形式成为他们应对驱逐的最后屏障之一。为了使更新后的建筑空间符合规范要求，他们首先需要支付不菲的施工和监管费用；其次，施工期间必要的数月停租所带来的损失使对租金依赖程度较高的业主难以承担；再次，参与改造的前提是主动申报地下室的各项情况，如果最终没能合法化，这些被城市住房管理部门详细调查的租赁单元将难以退回到"灰色地带"。第二，对于租户而言，悲观的预期包括两个方面：若改造失败，不仅没有新的住房资源进入市场，原有的地下室单元也无法再用于非正规出租；若改造完成，其绅士化不免带来租金上涨的后果，导致住房变得难以负担。第三，对于社区内其他以正规方式拥有住房的居民而言，他们最大的担忧是地下室改造将为低密度社区带来严重的威胁。尽管新增的住宅密度并不反映在城市肌理和街道层面上，但教育、医疗、停车场、市政管线等资源的分配压力都将随着社区人口密度的上升而增大。

应对上述挑战，纽约地下室公寓改造设定了两个主要目标：一是为业主提供稳定的收入现金流；二是为住房市场提供更多安全、有品质的公寓单元。对于城市而言，地下居住空间合法化不仅以相较于新建住宅更低的成本增加了可负担住房的供应，也从多方面扩大了税收基础。具体包括三个方面：新增的地下室单元增加了住宅对应的房产税❷；得到更稳定住房的租客更有可能缴纳更多税款；合法化改造过程中的建筑施工部分创造了税收。

3.3 纽约地下室合法化改造策略

地下室的合法化改造涉及法律规范、工程技术、经济成本等多个方面，各种阻碍因素相互交织、复杂难解。为了推动试点项目的实施，需要逐一提出针对性策

---

❶ 地下室以非正规形式出租，只要维持相对隐蔽、不被查处的现状，即可带来比较稳定的租金收入，而改造则意味着一笔较大的资金投入。虽然罚金较为高昂，但执法者主要是根据零星、偶发的投诉来查处地下室，这助长了业主的侥幸心理，使其在缴纳一次性罚金后并无改善地下室条件的动机。

❷ 纽约市将征税的物业分为四类。不超过3个单元的住宅物业以及大部分不超过3层的公寓楼都属于类别1，改建后有2或3个单元的建筑属于此类，每年新单元对应的新增税款为700～1400美元。其余住宅物业属于类别2，4~6个单元的住宅物业属于其子类2a，地下室改建后若从3个单元增加至4个单元，需按2a类缴税，年新增税款约2000美元。详见：https://www1.nyc.gov/site/finance/taxes/definitions-of-property-assessment-terms.page.

略，进而从整体上提高改造的可行性。梳理纽约地下室改造相关策略，主要包括修订法律法规、提供贷款支持、控制改造后租金三个方面，其中第一个方面是重点。

3.3.1 修订法律规范

纽约市的区划和建筑规范都对地下室的合法化改造形成了一定障碍。根据尽可能少地改动现行相关法规这一原则，试点项目在建筑规范方面进行了探索。

首先是对地下室"可居住"（habitable）标准的讨论。依据地下室超出地面层的高度，纽约市将地下室（一般统称为basement）分成两类：高于该层净空1/2的为地下室（basement），低于该层净空1/2的为地窖（cellar）（图3-3）。原有法规中明确规定，任何地窖都不得用于居住。然而，相比于仅依据高出地面的比例进行区分，更应关注消防安全和采光通风等问题。采用这一新视角，那些具备条件的地窖就可以通过改造获准合法出租。

其次，法规的改革有赖于技术的创新。综合考虑城市地下室的普遍现状和改造所需资金，要扩大可改造单元的范围必然需要适当降低建筑规范中对空间条件的要求。作为项目的推动者之一，纽约市市民住房规划委员会（New York City Citizens Housing Planning Council, CHPC）❶组织了一系列的住房更新论坛，交流改善采光、空气质量和消防安全方面的新概念与技术，以丰富空间改造的具体措施，并向公众展示地下室公寓也可以是安全且宜居的。

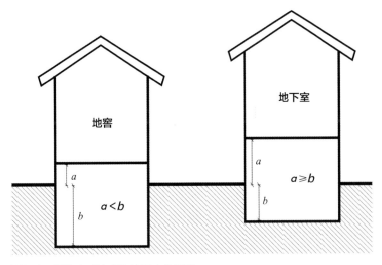

图3-3　纽约市对地窖和地下室的界定

---

❶ 虽然在名称中使用了Council，但实际上这是一家成立于1937年的非政府机构。

在纽约市地下室改造项目中，主要从空间尺寸、采光通风和消防安全等方面对建筑规范进行了调整。如图3-4所示，要求$a+b \geqslant 7\text{ft}$（1ft=30.48cm），即为了保证居住的基本条件，最小净高为2.13m。若$a > b$，属于地下室。将窗户的地下部分计入采光面积时，需满足以下要求：①$0 \leqslant c \leqslant 6\text{in}$（1in=2.54cm），即窗户上缘位于梁以下，距离不大于15.24cm；②$d \geqslant 6\text{in}$，即窗口底部高于相邻窗井地面不小于15.24cm；③窗井进深不小于窗户地面以下部分高度的3倍（$\geqslant 3e$）；④窗井水平方向宽度不小于窗户地面以下部分高度的2倍（$\geqslant 2e$），且窗户两侧各留出15.24cm宽度（$f \geqslant 6\text{in}$）。若$a < b$，属于地窖。在符合消防和建设相关规定外，还需满足以下要求：①加设一条应急通道；②$a \geqslant 2\text{ft}$，即有至少0.61m的高度在室外地坪之上。

1）空间尺寸

《纽约市建筑规范》（2014年版）（*NYC Building Code 2014*）❶规定，可供居住的房间净高不应小于8ft❷（约合2.44 m）；而根据为本项目而通过的纽约市地方

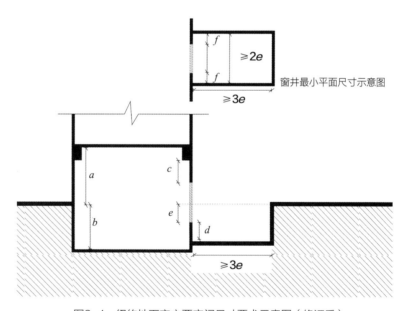

图3-4 纽约地下室主要空间尺寸要求示意图（修订后）
（图片来源：New York City Council. Local Laws of the City of New York for the Year 2019 No.49 to establish a demonstration program to facilitate the creation and alteration of habitable apartments in basements and cellars of certain one- and two-family dwellings［EB/OL］.［2020-12-13］. https://www1.nyc.gov/assets/buildings/local_laws/ll49of2019.pdf.）

---

❶ https://www1.nyc.gov/assets/buildings/apps/pdf_viewer/viewer.html?file=2014CC_BC_Chapter_5_General_Building_Heights_and_Areas.pdf&section=conscode_2014.

❷ 在梁间距不小于4ft（约合1.22m）时，最多可以低于要求的天花板高度6in。

法律2019年第49号（2019 N.Y.C. Local Law No.49）❶，该要求降低至7ft（2.13 m）。

2）采光通风

此次调整对居住环境的采光和通风条件进行了适当放宽。在试点项目中，每个可居住的房间必须至少有一扇窗户，且可开启部分需要达到6ft^2（约合0.56m^2），以满足《纽约市建筑规范》（2014年版）所要求的自然通风。对于位于地面以下的部分玻璃，在相邻可提供采光区域满足一定尺寸要求时，可计入采光面积（见图3-4）。而在原规范中，每个可居住的房间必须有一扇采光和通风的窗户开向同一地块内的院子或空地，且应满足更为严格的尺寸规范（表3-2）。

纽约市对居住用途的地下室的规定（区划和室内条件部分）摘录（修订前）　　表3-2

	规范内容	相关条目	通过改造符合相应规范的难度评估
区划	地下室高度必须有至少50%在路面标高之上（即不能作为地窖使用）	《住房维护法》（Housing Maintenance Code）27-2087c	难：《住房维护法》和《多户住宅法》明确禁止建造地窨。《区划决议》明确允许住宅单元的一部分占用地窨，条件是该单元有3.5个以上的房间或至少1200ft^2（约合111m^2）。但地窨的改造有可能使容积率超限
		《多户住宅法》（Multiple Dwelling Law）第4（7）条	
		《区划决议》（Zoning Resolution）15-111、15-112（2）	
	在A、V级洪水区❷，地下室不能低于设计洪水高程	《纽约市建筑规范》（2014年版）G106	难：A区（含沿海A区）和V区低于设计洪水高程的封闭区域不能占用
		《区划决议》64-431	
物理空间和室内条件	尺寸要求		
	从地板完成面到天花板或梁下皮的最小房间高度： · 可供居住的房间高度最小值为8ft（约2.43m）且梁间距不小于4ft（约1.21m） · 可供使用的房间高度最小值为7.5ft（约2.32m），梁间距要求同上	《纽约市建筑规范》（2014年版）1208.2	难：如果需要修改结构（板、梁或地基）或重新安置服务设施以达到所需的净高，成本很高；而对地板或天花板饰面的细微改动也可能带来少许的高度增加

❶ New York City Council. Local Laws of the City of New York for the Year 2019 No.49 to establish a demonstration program to facilitate the creation and alteration of habitable apartments in basements and cellars of certain one- and two-family dwellings [EB/OL]. [2020-12-13]. https://www1.nyc.gov/assets/buildings/local_laws/ll49of2019.pdf.

❷ 联邦应急管理局（Federal Emergency Management Agency）将100年洪泛区（即每年有1%的风险被淹没的区域）划分为三个区域，其中A区不受海浪威胁，沿海A区可能面临的海浪高度为1.5~3ft（0.46~0.91m），V区可能面临的海浪高度超过3 ft（约0.91m）。详见：https://www1.nyc.gov/site/floodmaps/resources/glossary.page#；http://www.nyc.gov/html/sirr/downloads/pdf/Coastal-Flood-Hazard-Mapping-Studies.pdf.

（资料来源：CHPC. Basement apartment regulation checklist for existing one-family dwellings. https://chpcny.org/wp-content/uploads/Regulation-Checklist_09_FOR-WEBSITE.pdf.）

续表

	规范内容	相关条目	通过改造符合相应规范的难度评估
	照明、通风和声学要求		
物理空间和室内条件	每个可居住的地下室房间必须有一扇采光和通风的窗户，开向与住宅同一地块的院子或空地	《住房维护法》27-2087c（2）	中：可以增加或扩大窗户，但如果需要对结构进行修改，则可能耗费大量资金
	最小玻璃面积为12ft²（约合1.11m²）或楼层面积的10%，以较大者为准	《纽约市建筑规范》（2014年版）1205.2.1 《住房维护法》27-2062b（1）	
	最小可开启的玻璃面积为5.4ft²（约合0.50m²），或4.5%的建筑面积（45%的玻璃面积）中较大的一个；如果提供40ft³（约合1.13m³）的机械通风，则为玻璃面积的25%	《纽约市建筑规范》（2014年版）1203.4.1 《住房维护法》27-2062	中：如果有足够的玻璃面积，可以用可开启的窗户代替现有的窗户
	室外地面不得低于窗台面6in	《纽约市建筑规范》（2014年版）1205.2.3.1 《住房维护法》27-2087.c.3	中：有助于照明和通风条件的玻璃必须高出地面至少6in。改变庭院的标高是有可能的，但这种做法的成本过高
	当由地面以下的开口提供所需的自然通风时，垂直于开口测量的外部水平净空必须是开口深度的1.5倍（开口的深度应从相邻的平均地面至开口底部测量）	《纽约市建筑规范》（2014年版）1203.4.1.1.3	中：外部水平净空的最大值受庭院内空地面积和轮廓的限制，但可以通过调整开口深度来满足要求
	远墙到窗户的最大距离为30ft（约合9.14m）	《纽约市建筑规范》（2014年版）1205.2.4	中：这项指标由地下室原有结构决定
	与所需窗户相邻的空地必须至少有6ft²（约合0.56m²）	《纽约市建筑规范》（2014年版）1203.4.3、1206	难：空地面积最大值受庭院面积和轮廓的限制

3）消防安全

对于地下室，消防要求与纽约市相关规范保持一致（表3-3），以确保安全。对于地窖，原有的消防规范禁止将其内的房间用于居住，但在本次试点项目中，为了扩大可改造的范围，允许将符合以下两个方面条件的地窖合法化。即在消防方面，符合表3-3的条件且增设一条直通室外的独立应急通道；在建筑方面，需要满足《纽约市建筑规范》第10章中的建设标准，且必须至少高于室外地坪2ft（约合0.56m）。这类地窖将被计为一个楼层，并计入楼面面积。根据纽约市行政法规，这种地窖内的居住将与地下室居住等同对待。

纽约市对居住用途的地下室的规定（消防安全部分）摘录（修订前） 表3-3

	规范内容	相关条目	通过改造符合相应规范的难度评估
消防安全	地下室住户（一户）最多为10人	《纽约市建筑规范》（2014年版）1021.2	易
	至少有一个直接通往建筑物外部的出口门，最小净宽为32in（约合0.81m），净高为80in（约合2.03m）	《纽约市建筑规范》（2014年版）1015.1、1008.1.1	中：必须提供疏散门，可能需要配合其进行挖掘工程和加装楼梯，成本将增加
	到出口门的距离最多75ft（约合22.86m）	《纽约市建筑规范》（2014年版）1021.2、1014.3	易
	出口走廊宽度最小为30in（约合0.76m）	《纽约市建筑规范》（2014年版）1018.2.4	易
	当建筑物朝向无障碍宽度<34ft（约合10.36m）的街道时，地下室住宅单元必须设置消防喷淋（现有结构部分不需要设置）	《纽约市消防规范》（2014年版）(New York City Fire Code 2014, 2014 NYC FC) 501.4.3.1.5.1	中：需要安装灭火系统，费用不一，有可能过高：如果消防喷淋用水可以使用生活用水的管线，消防费用就会低得多；而一条新的管线费用约为1万美元；另外，独立水箱的费用也较高
	所有卧室必须提供至少一个紧急逃生和救援（EER）出口，要求能直接通向公共道路或与公共道路直接相连的庭院	《纽约市建筑规范》（2014年版）1029.1	中：可能增加或扩大窗户，但如果必须改造结构以适应增加的穿墙管，则可能成本过高。如果地下室符合采光和通风要求，那么通常也很可能符合了紧急逃生和救援的要求
	紧急逃生和救援出口的最小净面积为6ft²	《纽约市建筑规范》（2014年版）1029.2、1029.3	中：为了增设符合该要求的窗户，或扩大已有的窗洞使其满足要求，有可能必须改造结构，成本较高
	最小净高为30in，最小净宽为24in（约合0.61m）	《纽约市建筑规范》（2014年版）1029.2、1029.3	
	从地板完成面到窗台面的最大高度为36in（约合0.91m）	《纽约市建筑规范》（2014年版）1029.2、1029.3	
	紧急逃生和救援窗的窗台面高度低于相邻地面时，应提供水平面积至少达9ft²（约合0.84m²）的窗井，且最短边不小于36in	《纽约市建筑规范》（2014年版）1029.5	易
	垂直深度超过44in（约合1.12m）的窗井内应设有永久性的梯子或台阶	《纽约市建筑规范》（2014年版）1029.5.2	易
	烟雾探测器和一氧化碳探测器必须安装在每个卧室主入口的15ft（约合4.57m）范围以内	《纽约市建筑规范》（2014年版）907.2.8.3、908.7.1.1.1	易

（资料来源：CHPC. Basement apartment regulation checklist for existing one-family dwellings. https://chpcny.org/wp-content/uploads/Regulation-Checklist_09_FOR-WEBSITE.pdf）

3.3.2 提供贷款支持改造

为了鼓励低收入业主积极参与地下室公寓的建设和翻新，纽约市政府向业主发放无息或低息贷款。住房保护和开发局计划在2020年和2021年各发放340万美元，支持试点项目内5000套公寓单元的改造❶。此外，纽约市政府还为本项目提供了两年各220万美元的运营预算，以支持公众教育和对试点区域内的项目推广。

3.3.3 控制改造后的地下室公寓租金

改造项目还考虑了对地下室租金的控制。鉴于非法地下室的租户通常也是住房弱势群体，当改造完成、空间品质提升后，他们可能因无法负担随之上涨的房租而不得不迁出。因此，业主需要签署附加条款，保证将改造完成后获得的合法地下室继续租赁给低收入水平的租客❷。例如，对于选择15年期贷款的业主，地下室改造后首次出租时的租金不得超过地区收入中位数（area median income, AMI）的80%，每年租金上涨不得超过2%。对于合法地下室租赁的申请人，其收入不得超过2019年地区收入中位数（当年一个四口之家的收入中位数为106700美元）。这一附加条款可以充分保障新增住房的可负担性。另外，施工期间租客的临时安置也得到柏树山地方发展公司协助，并代租客承担中介费、可能的租金差价以及一部分搬迁费用。

3.4 东纽约社区地下室合法化改造试点

纽约市地下室公寓改造试点项目（Basement Apartment Conversion Pilot Program）于2019年3月4日正式在布鲁克林区的东纽约社区启动（图3-5）。2016年，布鲁克林第五街区（Brooklyn Community District 5）❸的重新区划（rezoning）获批，在此背景

---

❶ Finance Division of Department of Housing Preservation and Development. Report of the Finance Division on the Fiscal 2019 Preliminary Budget and the Fiscal 2018 Preliminary Mayor's Management Report for the Department of Housing Preservation and Development [EB/OL]. [2020-12-13]. https://council.nyc.gov/budget/wp-content/uploads/sites/54/2018/03/FY19-Department-of-Housing-Preservation-and-Development.pdf.

❷ The basement apartment conversion pilot program homeowner resource guide [EB/OL]. [2020-12-13]. https://prattcenter.net/uploads/0820/1597188504756703/BACPP_Guide_-_Full_Layout_-_DRAFT.pdf.

❸ 该街区由8个社区组成：百老汇路口（Broadway Junction）、城市线（City Line）、柏树山（Cypress Hills）、东纽约（East New York）、高地公园（Highland Park）、新地（New Lots）、春溪（Spring Creek）、斯塔勒特市（Starrett City）。

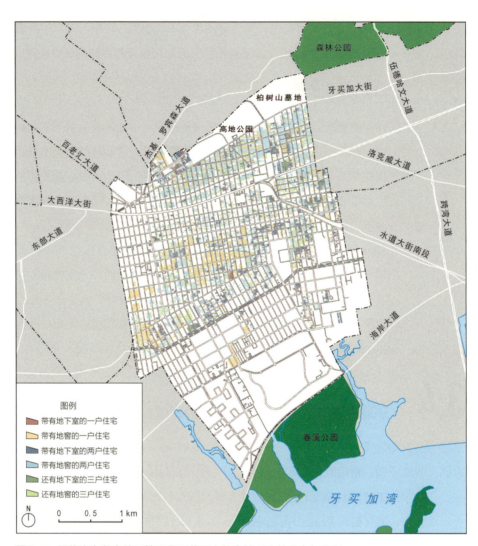

图3-5　纽约市布鲁克林区第五街区范围内住宅地下室的分布与类型
（图片来源：https://www.nyc.gov/assets/planning/download/pdf/community/community-portal/cd_map/bk05_cd_map.pdf，https://public.tableau.com/app/profile/pratt.center/viz/NYCBasementsandCellars/CouncilDistricts）

下制定的东纽约社区规划（East New York Neighborhood Plan）❶提出要在15年内创造近6000个住房单元。该试点项目也是区划中对可负担住房的一项重要探索。

---

❶ 这是一个综合的社区规划，旨在促进可负担住房的保护和开发，鼓励经济发展，创建步行友好型街道，并投资于社区资源，以支持东纽约、柏树山和海洋山（Ocean Hill）这三个社区的长期增长和可持续性。该社区规划进展详见：https://www1.nyc.gov/assets/planning/download/pdf/plans-studies/east-new-york/dcp-east-new-york-one-pager-082018.pdf.

政府之所以选择东纽约社区作为试点，主要是由于其具有以下特点❶。①物质空间环境质量差。该社区老旧建筑极多，其中超过55%的住宅建于1960年之前❷。②地下室租赁的需求与供应量都较大。根据纽约市住房局接到的违规地下室相关投诉情况估算，该社区有1/3~1/2的个体业主拥有违规的地下室单元，其违规地下室租住现象也是布鲁克林所有社区中最为普遍的。③经济社会相对脆弱。该社区是纽约受止赎危机影响最严重的社区之一，在危机发生的10年后，它拥有全市第四高的业主新增止赎率；同时，社区内86%的业主是非洲裔或拉丁裔，其家庭收入中位数仅约为全市中位数的80%。④拥有活跃的社区组织。由当地居民主导成立于1983年的柏树山地方发展公司已发展成为一个较为成熟的综合机构，熟悉社区情况，便于与有改造意向的业主建立联系。

该社区的一些特殊性也在改造策略中得到了回应。首先，该社区内房屋投机倒卖的现象相对普遍，房价上涨迅猛，而放宽对地下室的限制很有可能诱发更多此类交易，加剧失所问题。为此，项目明确规定仅有自住业主可以申请地下室改造。其次，根据纽约市城市规划局制作的洪涝灾害风险地图（NYC flood hazard mapper），该社区南部受到的洪水威胁较为严重，不适合进行地下室合法化改造。该项限制保证了地下居住单元最基本的安全条件。再次，根据专业人员制定的改造费用预算，通过评估获准参加试点项目的业主将得到贷款计划的支持。改造完成后，在租约的保护与要求下，业主能够享有安全、稳定租金收入，但同时必须如实申报。

根据纽约市住房保护和开发局估计，该社区约有8000位试点项目的潜在参与者，柏树山地方发展公司对近3000位业主跟进调查，其中约900位表达了参与意向。截至2020年5月，在提交资格审查文件的325位业主中，有240位通过初筛，其中102位通过了现场评估，最终9位业主获得了推进改造的许可❸（表3-4）。然而受2020年新冠肺炎疫情的影响，该项目2021年的预算被大幅削减至约9万美元，业主贷款和租户临时安置都受到一定影响。尽管如此，东纽约社区的试点探索仍可为我国大城市非正规居住空间治理提供有益借鉴。

---

❶ New York City Council. Hearing Testimony 11-13-18 [EB/OL]. [2020-12-13]. https://legistar.council.nyc.gov/View.ashx?M=F&ID=6787560&GUID=73958BA4-9AC9-476B-9E0F-80EF58AB62B3.
❷ NYC Department of City Planning. NYC planning population factfinder [EB/OL]. [2023-05-04]. https://popfactfinder.planning.nyc.gov/explorer/cdtas/BK05?acsTopics=all&source=acs-current.
❸ KULLY S. City's basement apartment program buried by COVID-19 budget cuts [EB/OL]. [2020-12-13]. https://citylimits.org/2020/05/11/citys-basement-apartment-program-buried-by-covid-19-budget-cuts/.

纽约市东纽约社区地下室改造项目实施流程　　　　　　　表3-4

流程	参与主体			
	业主	柏树山地方发展公司	市政府	技术人员与施工承包商
改造项目申请	在线填写申请表	依据是否为申请人的主要居住地、房屋所有权、业主收入情况、改造可能性等进行初筛	初步评估	—
空间现状调查	配合踏勘，在指定日期前填表完成改造项目申请	根据现场情况判断地下室改造的可行性	—	—
经济成本测算	配合改造设计所需进行的现场测量工作	指定专业人员，根据费用预算再次筛选经济上可行的改造项目	审批单个项目的改造计划；根据费用预算发放贷款，并结合业主的收入水平和年龄确定还贷期限	提供工作说明书和图纸，获批后提供费用预算
施工验收	获得贷款后，在不超过1年的时间内进行施工	安置原租客；监督管理施工过程；在完成验收后协助业主从住房局取得房屋使用证，以确认合法出租的权利	向改造后符合要求的项目颁发房屋使用证（certificate of occupancy）	提供工程服务

（资料来源：https://www1.nyc.gov/site/hpd/services-and-information/basement-apartment-conversion-pilot-program.page）

3.5 纽约全市推广尚待解决的问题

根据法案要求，在地下室改造试点启动后的48个月内，实施机构需要向纽约市市长和市议会提交影响总结报告，作为在全市其他地区推广该项政策的基础。就目前已有的研究与实践而言，该政策在全市推广前仍需应对规划层面的以下两项限制。

3.5.1 地块类型

在居住用途的地块类型中，有一类只允许建设一户或两户住宅，而从三户住宅到可容纳几十户的公寓楼的建筑类型都属于另一种类型——"多户住宅"，这种高密度居住形态相对不受社区欢迎，且额外受到《多户住宅法》的更为严格的约束。当原有的两户住宅增加一个地下室作为新的居住单元时，则会被认定为三户住宅，继而违反区划规定。对于这种限制，一种可能的做法是在规范中引入"附属居住单元"（accessory dwelling unit）这一概念，并以其作为附属的属性来要求不将其计入户数。这种做法虽然在美国其他城市已有先例❶，但修订《区划

---

❶ 已实施附属居住单元规范的城市如华盛顿州、加利福尼亚州的圣克鲁兹县、纽约州的扬克斯和西彻斯特县的其他城市。

决议》是一项艰难的工作。所以目前试点中采取的是个案审批方式：对于两户或三户住宅的地下室改造导致的居住单元数增加，其建筑图纸需要同时通过住房局和纽约市标准与申诉委员会（Board of Standards and Appeals）的批准，后者将检查改造方案是否符合《多户住宅法》的相关要求，或作出特许。

3.5.2 容积率

若新增的地下室单元面积按现行规范计入总楼面面积，那么对于开发强度已达到区划规定上限的地块，地下室不可能被合法化。然而，地下室的存在与否，对于城市形态和街道界面的影响甚微。基于这一点，如果认同管控容积率的根本意图是管控空间形态而非人口密度，则有可能令地下室不受此项限制。

在我国特大城市高密度建成环境中，地下空间是十分宝贵的存量空间资源，加强对地下空间的利用对增加城市的可负担住房供给具有重要意义。针对地下空间长期存在的环境条件差、安全隐患大、改造治理难等问题，本章系统梳理了美国纽约最新开展的非正规地下居住空间合法化改造实践，对其发展历程、改造策略、试点情况和推广挑战进行了详细介绍。总结纽约经验可以发现，社区组织、研究机构、政府部门等多方长期推动，对地下室空间现状的详细调研，对当地建筑、规划相关法律、法规的深入研究，以及前期研究—试点项目—全市推广的实施路径，很好地应对了法规、技术、经济、社会以及行政流程等障碍，使得地下室改造顺利推进。借鉴纽约经验，对我国地下空间等非正规居住空间的更新治理提出以下对策建议。

首先，供需联动，释放存量。纽约面临的可负担住房紧缺问题是全球大城市面临的共同挑战。在我国特大城市，大量外来人口受到户籍制度或购买能力的限制，其基本的居住需求无法经由既有的正规住房和保障房体系得到满足，导致地下室、城中村、群租等非正规居住形式大量存在。借鉴纽约经验，首先应转变观念，积极发掘非正规存量空间的潜在价值，主动将其纳入保障性住房体系，以平衡保障性住房的"保障性"与"可获得性"❶。对这些非正规存量空间进行合法化改造，有望以较低的成本创造出数量可观的可负担住房，从而使城市非正规空间治理和新市民可负担住房供应这两个城镇化进程中的难题得到联动解决（叶裕民 等，2020b）。同时，有针对性地选择低收入社区作为改造对象，新增合法居

---

❶ 参见本书第1.3节。

住单元也可为这些业主提供稳定的租金收入来源。

其次，修订标准，扩大范围。在纽约地下室公寓合法化改造的过程中，最大的突破就是在不降低安全健康底线的前提下，通过消防和建筑技术的论证推动相应法律法规调整，从而使原本非正规的地下室成为正规化、安全的居住环境。纽约实践提供了一个新视角，让我们消除了对地下室的偏见——不安全的不是地下室，而是非正规的居住状态。基于这一视角，我国现有的一些地下空间已符合法规要求，只需加装烟雾报警和一氧化碳检测等装置即可用于居住；另一些尚不满足规范的地下空间，在其他非关键因素的限制得到适度放宽后，也有用于居住的可能。目前国内已有将地下空间改造为社区活动中心的做法（周子书，2015），但如何在居住功能方面有所突破，还有待建筑规划相关技术部门的共同努力。

再次，以改代禁，积极治理。在纽约地下室改造案例中，对非正规居住空间并没有采取简单否定的态度，而是积极探索将其正规化的可能性，以达到多赢的目的。改造并通过验收的地下居住单元，在取得房屋使用证后即可合法、稳定地租赁。不仅如此，纽约市政府还将其纳入城市住房供应总量和业主房产应纳税额的统计，以对地下室租赁行为的空间和经济效应进行监管。我国特大城市对非正规居住空间的治理行动常常导致非正规居住现象的外移而非消除。如果采取以改造为导向的措施，则可能就地创造出新的正规住房，将原本的非正规居住人口转变为社区居民，从而为当地社区的后续发展规划提供合理依据。

最后，多方参与，深入社区。纽约市的地下居住空间改造试点项目整合了市政府住房管理部门和社区中活跃的非政府组织等多方资源，其中后者长年扎根在社区，在政府资助下能够高效地与业主建立联系，指导专项贷款申请，审核改造设计与施工方资质并监督工程等，为业主提供直接的、在社区内易于获取的服务，从而大幅减轻了参与项目的业主的负担。我国可结合正在推行的街镇责任规划师和社区规划师制度，积极培育社区组织，以试点社区为切入点，结合社区需求，积极探索非正规居住空间正规化改造的可行路径。

说明：本章内容已发表，有修改，详见：陈宇琳，郝思嘉. 特大城市非正规地下居住空间合法化改造研究——以纽约实践为例［J］. 国际城市规划，2021（6）：1-8，47.

第 4 章
深圳城中村产权认定与治理转型

深圳是中国非正规居住现象最具代表性的城市，也是中国非正规居住空间治理的实践前沿。本章以深圳城中村为研究对象，基于对拆除重建和就地升级这两种先后出现的城中村更新模式的个案研究，分析政府、市场、原产权人围绕产权合法化的互动关系，进而探讨政府在"准入"维度实现非正规居住空间正规化的灵活治理策略。研究发现，非正规性是深圳城中村治理转型的核心，政府策略性地利用非正规性，通过对城中村采取不同的治理模式，适应不同城市发展阶段的需求。在拆除重建模式中，即使有较完善的制度框架，在土地确权中非正规和正规空间之间的界限仍然不断变动。在就地升级模式中，政府基于对事实产权的承认，在非正规领域中划定"特区"，从而引入市场力量，提升城中村居住环境和社会管理水平。研究回应了非正规性理论的二元争论，深化了将非正规性作为发展中国家灵活的城市治理策略的认识，为我国和其他发展中国家非正规住区治理提供了借鉴。

治理非正规居住空间的一个核心挑战在于如何认定非正规空间，这也是在"准入"维度扩大土地和住房供给的关键所在。国内已有研究主要将非正规居住空间视为研究对象，并未将非正规性作为一种研究视角来认识发展中国家灵活的城市治理策略在治理非正规住区方面的价值和意义。仅有的相关研究中，吴缚龙等通过北京、上海、广州三地城中村的实证研究，从共性的角度阐释了非正规性既可以变动或灵活地执行正式的管制和法律来作为促进经济发展的手段，也可以为了城市发展和治理而对其进行限制和消除。因此在城市规划中，非正规性的治理给予了开发者很大的自由裁量权，并最终服务于城市发展（Wu et al.，2013；Wu，2016）。斯库（Schoon）等通过对深圳和广州城中村治理策略的多样性研究，进一步提出"让步的非正规性"（conceded informality）——一种中国城市发展语境下典型的空间治理模式，认为地方政府对城中村治理采取了积极支持、促进、利用、容忍、消除五种不同的治理策略（Schoon et al.，2014）。然而，上述研究主要揭示了非正规性作为治理策略在中国城市发展与转型语境下呈现的普遍性规律，却缺乏对单座城市的历时性研究。本章将以深圳为例，探讨在城市不同发展阶段，政府在城中村治理过程中的非正规性是如何体现的。

深圳是中国非正规居住现象最具代表性的城市。根据深圳市住房和建设局2013年的住房调查，深圳市原村民集体经济组织自建、合建房超过2.6亿m^2，占全市住房总量的一半。面对城中村复杂的产权关系、确权的困难、政府—市场—产权人对城中村再开发后创造土地增值收益的利益诉求，以及城中村的"拆"与"留"长期以来引发的广泛争议，如何通过城中村治理实现深圳城市存量空间资源合理配置、空间环境品质的提升、社会管理的优化和解决大量移民的住房问题，成为深圳城市发展转型过程中面临的重大难题。与此同时，深圳也是中国非正规居住空间治理的实践前沿，多年来探索了不同的治理模式。根据产权是否合法化，可将深圳城中村的更新模式大致分为两类：第一类是通过确权❶和拆除重建类城市更新单元规划实现产权合法化，从而消除非正规住区；第二类是不改变原有产权关系的就地住房升级，以此作为产权合法化带来较高交易成本的替代性策略。

本章将通过对拆除重建和就地升级两种城中村更新模式的比较研究，回答以下两个问题：差异化的城中村治理模式是如何形成的？在不同治理模式下，城中村治理的内在机制是什么？以此回应非正规性研究领域中关于正规与非正规的二

---

❶ "确权"指的是明晰全部土地房屋的产权关系，解决历史遗留问题，把所有城市空间资源纳入统一的法律框架。详见：徐远，薛兆丰，王敏，等. 深圳新土改［M］. 北京：中信出版社，2016.

元争论，以及非正规性作为灵活的治理策略的认识论转向。下文首先将介绍深圳城中村作为非正规住区概念的形成过程；其次基于地方政府、市场、城中村原产权人围绕非正规住区治理展开互动的多主体分析框架，对拆除重建和就地升级两种城中村更新模式开展个案研究，重点关注每类治理模式中各方的行动目标（动机），以及为达成目标采取的具体行动（策略）；最后对两种治理模式进行比较，并对非正规性研究相关理论加以回应。

本章的数据主要来自于2017～2019年在深圳原特区城中村❶开展的多次田野调查，包括对城中村更新项目的参与式观察、利益相关方访谈，以及相关政策文件、新闻报道和数据的收集整理，以形成对深圳城中村治理的综合理解。实证研究的两个案例分别为罗湖区的A村和福田区的B村（图4-1）。

图4-1　深圳市罗湖区A村和福田区B村区位示意
（底图来源：百度地图）

4.1　深圳城中村概况

在深圳，城中村指的是"原农村集体经济组织继受单位和原村民实际占有使用的土地"❷（图4-2）。主要用于居住的原村民实际占有使用的土地包括三

---

❶ 因为城中村政策的差异，本章下文中的城中村特指原特区内的城中村。2010年7月1日，深圳经济特区正式扩容，范围从原来的罗湖、福田、南山、盐田四区扩大到全市。因此，原特区指的是罗湖、福田、南山、盐田四区。
❷《深圳市城中村（旧村）综合整治总体规划（2019—2025）》。

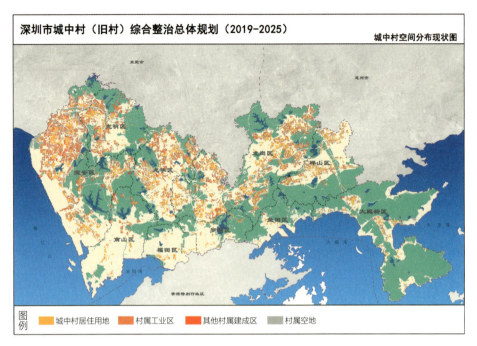

图4-2 深圳城中村空间分布现状图
(图片来源:《深圳市城中村(旧村)综合整治总体规划(2019—2025)》)

类:旧村用地、城中村红线范围内用地,以及在上述用地范围外形成的区域。其中,旧村❶一般情况下都是深圳经济特区建立以前就已经形成的农村居民点,也称为老宅(老围、老村)。城中村红线范围内用地一开始指的是"新村",1986年由政府明确规定了用地范围,以及每户村民建房的用地和建筑面积,其初衷是经过统一规划,形成有利生产、方便生活、整洁优美的新村(居民点)(图4-3)❷。

1992年,深圳原特区内实行土地"统征",即一次性将特区内集体土地全部征为国有,同时将村民转为市民。但是上述土地在"统征"后,在法律上虽然属于国有,实际并未完成征地,因此一直由原村民❸实际控制、受益和转让,并进行私房建设。此外,原村集体和村民早年在上述用地范围外还占用了一部分国

---

❶ 旧村:在2016年的相关政策中将原特区内的旧村定义为"在1992年6月18日市政府《关于深圳经济特区农村城市化的暂行规定》实施前已经形成的原农村旧(祖)屋的集中分布区域"(深府办〔2016〕38号)。
❷ 详见深府〔1982〕185号、深府〔1986〕411号文件。
❸ 原村民指的是特区内截至1993年1月1日公安机关登记在册并参加本村劳动分红的农村集体经济组织成员(市人大常委会第33号,2001)。

图4-3 新村、旧村及其他占用国有土地建房区域照片
（图片来源：甘欣悦）

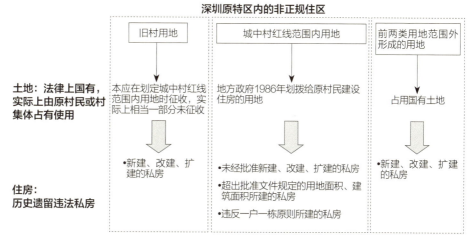

图4-4 原特区内非正规住区的三种用地类型及私房建设

有土地。以福田区城中村为例，15个城中村占用国有土地进行建设的建筑面积达到107.7万m²，占福田区城中村总建筑面积的20%（福田辖区城中村课题组，2006）。在2001年的相关政策中，上述三类用地上形成的各种类型的住房称为"历史遗留违法私房"❶，总量在当年达到5394万m²，形成了原经济特区内的非正规住区（图4-4）。

---

❶ 历史遗留违法私房：在2001年《深圳经济特区处理历史遗留违法私房若干规定》中，将1999年3月5日以前形成，原村民在上述三类用地上未经批准新建、改建、扩建的私房，以及非原村民未经批准单独或合作兴建的私房称为"历史遗留违法私房"。

4.2 深圳城中村拆除重建

4.2.1 政策背景

2000年左右，随着深圳市建设现代化和国际化城市目标的确立，政府一方面开始着手改造有碍城市形象的城中村，另一方面尝试通过出台历史遗留违法私房确权政策对原特区内城中村进行确权，但是收效甚微。首先，由于政策放宽了合法建筑面积的认定（从240m^2放宽到480m^2），因此政策出台之后反而掀起城中村抢建高潮。其次，经过确权的建筑依然不能进入市场自由交易，且确权与否并不影响私房出租，加之确权后土地真正意义上的国有使原村民产生失地的顾虑，所以第一次确权工作不了了之。根据2009年深圳市建筑物普查数据，原特区内城中村已办理确权手续的私房总建筑面积约为36.07万m^2，仅占原特区内全部城中村建筑面积的1.8%。

早在2005年，深圳就已经遭遇人口、土地、资源、环境"四个难以为继"的严峻挑战。进入2010年以后，深圳空间资源紧缺的矛盾更加尖锐，几乎到了无地可供、无地可用的状态，通过城市更新挖掘存量空间效益成为深圳的必然选择（邹兵，2013；尹强 等，2011）。面对巨大的土地增值收益，原特区内占地约7.2km^2的79个城中村的更新改造成为释放土地资源的重要突破口。2009年以后，随着城市更新单元规划制度的出台，通过拆除重建实现城市更新单元内城中村的产权整理与违建处理是这一阶段深圳非正规住区正规化的核心（刘昕，2010）。

4.2.2 罗湖区A村案例：城市更新单元规划的探索

罗湖区作为深圳市最早城镇化的地区，近年来发展面临区域竞争加剧、新增长点难觅、经济发展远落后于其他区等城市发展难题。早在2010年，罗湖区就提出"围绕加快转变经济发展方式，通过城市更新拓展产业空间"的城市转型路径。罗湖区是原特区内"拆除重建类更新"面积最大的行政区，A村及周边地区城市更新则是罗湖区通过土地二次开发引入大资本，"以大片区、大项目带动大发展"的典型案例。

不同于深圳其他城中村改造主要通过村集体和开发商首先达成合作意向、自下而上地推动更新，A村及其周边地区由于地处罗湖区核心，拆除用地面积达30余万m²，作为重点更新单元，在政府、市场、原村民都有很强更新意愿的前提下，其基本模式是"政府主导、市场运作"。2011年，某大型房地产企业S公司先后与当地各级地方政府达成合作协议，支持S公司将A村周边片区作为罗湖区金融商业核心区的重大项目进行改造，A村城市更新项目启动。基于城市更新单元规划较完善的制度设计框架，历经A村股东大会通过、列入深圳市城市更新单元计划、更新单元专项规划编制、土地审查、两轮规划方案公示、项目城市设计国际专家咨询会，该更新项目在2019年初报深圳市城市规划委员会审批后进入实施阶段（图4-5、图4-6）。

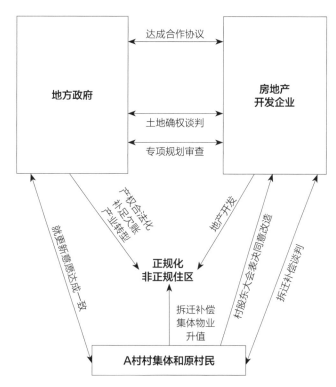

图4-5　A村城市更新单元规划分析框架

图4-6　A村城市更新单元规划历程

1）操作方法：通过城市更新单元规划进行土地确权

土地确权是影响开发商和政府在更新中获得土地增值收益的关键环节，涉及地价和用地贡献率两部分核心利益，与城市更新单元专项规划同步展开。根据城市更新政策，拆除用地范围内土地应首先经过土地确权，然后针对确权后不同的土地权属按不同的地价政策缴纳地价，并按城市更新政策规定的贡献用地❶指标将相应的土地无偿移交政府作为公共利益和政府储备用地后，土地才能进行协议出让，并最终确定开发建设用地指标。其中，城中村红线范围内用地作为城市更新合法用地可享受优惠地价，而"历史用地"❷作为合法外用地，在实行缴纳较高地价和贡献较多用地的"惩罚性政策"后才能参与更新（图4-7）。

在A村更新单元内，共涉及70余个地块、30余万m²土地的确权。其中，以A村旧村用地为代表的近10万m²土地不能通过已有政策进行确权。因此，只能通过开发商和市规划和国土资源委员会（简称市规土委）、区城市更新局的反复谈判来推进这一部分土地的确权工作。但是从2014年至2018年，双方在A村旧村用地的土地确权问题上始终没有达成一致意见。开发商对经济利益的追求与政府对项目公共利益贡献的追求和公平性的兼顾，使得双方在将这部分用地确权为城中村红线范围内用地还是历史用地之间来回博弈。2018年3月，市规土委出台了原特区内旧村用地确权的相关政策（深规土规〔2018〕1号），从而填补了原特区内旧村用地确权的政策空白，在历史用地和城中村红线范围内用地之间形成了折中的确权办

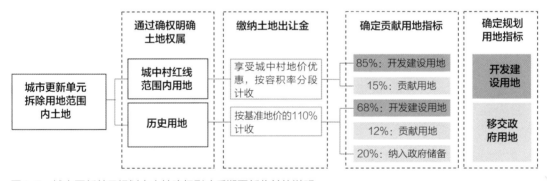

图4-7 城市更新单元规划中土地确权影响后期更新收益的说明

---

❶ 贡献用地：城市更新单元内可供无偿移交给政府，用于建设城市基础设施、公共服务设施或者城市公共利益项目等的独立用地（深府〔2012〕1号）。
❷ 历史用地：经批准纳入城市更新计划的城市更新区域内未签订征（转）地协议或已签订征（转）地协议但土地或者建筑物未作补偿，用地行为发生在2007年6月30日之前，用地手续不完善的建成区（深府办〔2016〕38号）。

法，既对开发商进行一部分让利，同时又保证了相关土地的确权有政策可依。

2）实施结果

在A村城市更新项目中，按现有的规划方案完成土地确权后，项目实际更新单元用地33.6hm²，其中实际开发建设用地和移交政府用地的面积各占一半。其中，开发建设用地用于还迁安置建筑，新增商业办公、文化设施建筑和保障房建设，移交政府用地用于公共服务设施、市政基础设施、创新产业用房建设和政府储备用地。通过A村城市更新单元规划，拆除建筑面积约74万m²，重建总建筑面积205.8万m²，预计可创造121万m²产业空间。对于政府而言，预计通过项目新增64亿元地方税收，提供6.2万m²保障房和5.1万个就业岗位，利用移交政府用地解决变电站和道路用地、绿地广场用地、学校用地，从而解决片区公共服务设施欠账。A村原村民通过拆迁补偿实现原25万m²历史遗留违法私房的全部合法化，并预计可获得约30万m²商品住宅的原地回迁。通过对原集体物业（如酒楼饭店、批发市场等）拆迁补偿，原村集体预计获得约40000m²甲级写字楼物业和约20000m²商业物业回迁，实现集体物业的大幅增值。S公司在该项目中预计投入超过300亿元，后期通过住宅销售、商业办公租赁和多种类型的产业运营产生持续的项目收益。

4.3 深圳城中村就地升级

4.3.1 政策背景

通过城市更新单元规划进行大规模拆除重建的城中村更新模式近年来受到越来越多的质疑。最核心的质疑来自于大量低成本的住房减少后带来城市生活和劳动力成本的上升（图4-8）。在由知识精英发起和深度参与的两个标志性事件——"湖贝120城市公共计划"和2017年以城中村为主题举办的深港双年展之后，学术界反对深圳城中村的拆除、探索城中村新的更新模式的诉求被推向高潮。"城中村的改造今天进入了一个胶着状态。这跟城市更新的价值观有关系，过去只是为了追求开发强度，但是现在政府也认识到社会的需求，不同人的需求在城中村里能够得到一个相对低成本和种类繁多的服务"❶。

---

❶ 某深圳市城市规划委员会专家2017年2月13日访谈记录。

图4-8 城中村拆除重建进行中（2017年）及完成后照片（2018年）
（图片来源：甘欣悦）

同时，从深圳市2010年至2019年已立项的30个局部拆除或整体拆除重建的城中村更新单元规划的实施情况来看，其中仅有9个更新单元规划项目已实施，已拆除用地面积占规划拆除用地面积的23.3%。由于拆除重建类更新存在交易成本过高、项目周期较长等一系列问题，政府开始重新反思城中村在解决低成本住房问题方面的积极作用，并开始探索新的治理模式，以达到短期内改善城中村治安消防管理和提升居住品质的目的。

2017年年底至今，深圳市政府通过政策指引，提出2018~2025年期间原特区内75%的城中村不能再拆除，同时支持社区股份合作公司和原村民通过城中村综合整治和改造提供各类符合规定的租赁住房❶。在这一背景下，通过政府承认并加强事实上的产权❷，城中村就地升级成为新一阶段重要的治理模式探索。

4.3.2　福田区B村案例：城中村规模化租赁的探索

不同于城市更新单元规划通过一系列制度设计和审批流程来推进城中村更新，在城中村住房升级中，基于现实情况，在没有相关规范和操作流程指引的情况下，"摸着石头过河"的实验性治理模式更加明显。早在2016年，福田区政府

---

❶ 详见（深府规〔2018〕13号）、（深府办规〔2017〕6号）。
❷ 法律上的产权（de jure tenure security）是指产权的法律地位及其受国家权力机构支持的保护。事实上的产权（de facto tenure security）是基于对财产的实际控制，无论它是否得到正式法律文件的支持。

就在水围村开始探索由国有企业进行规模化租赁，政府适当补贴，将城中村升级为人才公寓的"水围模式"。2017年年底深圳发布城中村综合整治和完善租赁住房体系建设的一系列政策后，私有房地产企业开始涉足非拆除重建的城中村住房升级，其中W公司是专门从事城中村整治运营项目的专业化房地产公司。福田区B村是W公司在原特区内进行长租公寓改造的第一个城中村。

福田区B村由于建筑老化和管理不规范，面临巨大的消防安全隐患，村集体股份公司和区政府都承担着巨大的消防安全责任主体的压力。2017年年末，B村村集体股份公司主动与W公司达成合作协议，对B村原村民私人建房进行就地住房升级。如何对没有合法产权的建筑进行升级是B村住房升级面临的最大难题。正如参与深圳城中村改造的一名设计师所言"你会发现进入（城中村）以后，你手上没有工具，你的工具全是做正规的工具，然后正规的工具（在城中村）操作不了"❶。

1）操作方法：通过政府担保对没有合法产权的建筑进行升级

在B村，W公司采取村民自愿出租整栋住房的分散租赁模式，首先从原村民手中将村民自建房整体租赁，然后进行设计、装修改造，对楼栋治安、消防、建筑结构三个方面的隐患进行改造处理后，以长租公寓的形式进行出租，并配有工作人员进行公寓的物业管理。在消防安全方面，增加室内消防设施，加装电梯，通过将若干屋顶连成一片的做法增加消防疏散平台。W公司在建筑改造前跟原村民签署了12年的住房委托经营协议，由于城中村原村民自建住房没有合法产权，且城中村建设本身不符合城市建筑和消防规范，从法律上来说该协议不具有法律效力。因此，W公司通过政府担保的方式认定租赁协议有效，从而规避了无产权住房规模化租赁改造带来的风险。但是由于建筑没有合法产权且不满足消防规范，这一类城中村住房改造项目无法报批报建，因此W公司在改造时按"小散工程"❷到街道登记备案。改造完成之后，因为改造后的建筑还是无法达到建筑结构和消防规范的要求，因此相关部门不会对这一类改造进行验收，所有后续消防安全问题由改造方即W公司承担（图4-9）。从2017年年底至2019年年初，W公司已将B村55栋原村民自建私房中的26栋回租进行改造，已改造完成投入使用公寓44套。

---

❶ 某设计师2019年1月21日访谈记录。
❷ 小散工程：在《深圳市小散工程和零星作业安全生产纳管暂行办法》中，小散工程是指按规定可以不办理施工许可证的小型建设工程。

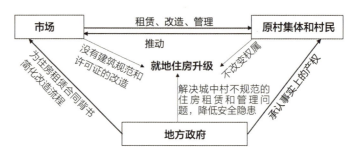

图4-9　B村就地升级机制

2）实施结果

B村长租公寓改造完成后，原村民从以前的委托"二房东"或自己直接对外出租住房变为整租给W公司，W公司向村民支付每个月75～85元/m²的租金，并且每年按一定的百分比增长，村民以此获得稳定的租金收益。改造后公寓的租金价格为每月105～125元/m²，每套公寓面积为20～50m²，以单间和一室一厅户型为主。W公司通过政府担保的形式，规避了对没有合法产权的建筑进行改造的政策和法律风险，并相应承担了原先由村集体股份公司承担的巨大的城中村安全责任主体风险。与拆除重建类城中村更新相比，通过引入市场主体运作的城中村长租公寓模式绕开了产权合法化带来的高昂交易成本，可以快速、成规模地解决一定时期内城中村治安消防的管理难题，并逐步将城中村非正规的住房租赁纳入正规的住房租赁市场（图4-10）。

图4-10　B村改造后的长租公寓
（图片来源：甘欣悦）

4.4 两种治理模式的比较

对于拆除重建和就地升级这两种2000年以后深圳城中村治理的典型模式，可进一步从产权的处理，政府、市场、原产权人在治理中的动机和策略，更新周期以及更新后的空间环境变化等方面加以比较（表4-1）。

城中村两种治理模式的比较　　　　　　　　　　　　　　　表4-1

治理模式	拆除重建	就地升级
产权处理	产权合法化	承认事实上的产权
政府	负责城市更新的制度设计，既要守底线，又要激励市场参与	在不走报建报批程序的情况下，通过各类行政许可为企业改造做担保
市场	从拆迁补偿安置到规划建设运营全部由市场负责	新的城中村"二房东"对住房进行规模化、规范化改造，以及租赁和运营
原产权人	原地回迁，分享土地增值收益，议价能力较强	从引入企业进行改造到住房租赁谈判都掌握绝对话语权
更新周期	较长，历经数年	较短，通常1年内即可见效
更新后空间环境	城中村形态消失，现代化的街区出现	城中村形态保留，内部环境改善

城中村拆除重建模式主要通过城市更新单元规划展开。在这一过程中，政府负责对城市更新进行一系列的制度设计、规范和激励市场参与更新。而拆迁、补偿、安置完全交给市场与原产权业主谈判，政府不介入其中。在这种情况下，为了尽快推进项目，无论原业主的住房产权是否有合法证明，基本都可以按产权住房的标准获得赔偿，进行原地还迁。村集体股份公司和原村民作为城中村用地的实际控制人，须经股东大会表决同意，才能申报城市更新单元规划，因此村集体在整个开发过程中具有较强的议价能力。在更新完成后，政府、开发商和原村集体都能获得土地增值收益，同时政府可以补足这一片区的公共设施欠账，完成保障房建设。这种模式虽然实现了"三赢"，却导致城中村拆迁后大量租户的搬迁。因此，这种模式因为关注空间的经济价值而非社会价值带来了城市权利的缺失而广受质疑。此外，在这种模式下，市政府虽然为了加快城市更新进程、调动原业主和市场推进更新的积极性，出台了一系列突破性政策（如用地协议出让、地价

优惠、强区放权❶、历史用地可参与更新等），但是从拆迁补偿谈判到项目论证过程，再到土地确权流程，还是面临较高的交易成本。这就导致数量众多的城中村存在的安全隐患等问题难以得到及时解决。

  对于城中村就地升级模式，在尚没有相关政策、实施细则和规范指引的前提下，除了"水围模式"以外，绝大部分城中村长租公寓改造采取的是由政府许可，村集体股份公司推动，引入市场运作，自下而上推动更新的多元治理模式。由于城中村是深圳最大规模的存量住房市场，政府需要解决原特区内城中村在一定时期内的住房租赁管理的问题，因此通过"以函代证""小散工程""室内装修"等非正规的方式对长租公寓改造予以许可和默认，从而降低企业改造非合法产权建筑产生的风险。但同时由于改造不能报批报建，企业也需要相应承担建筑改造后的消防安全风险。但是目前纯市场化运作的模式存在租金上涨并推升周边未改造住房租金的问题，从而可能导致绅士化危机的出现。根据2017年在与福田区B村相似区位的福田区X村的调研，该村月租金单间为800～1400元，一室一厅为1500～2000元，二室一厅为2300～3300元。而B村改造完成后，2019年单间月租金为2000～4100元，一室一厅为3000～4300元，二室一厅为5100～6000元，租金涨幅约为1倍。对此，深圳市住房和城乡建设局于2019年7月出台《深圳市人民政府关于规范住房租赁市场稳定住房租赁价格的意见》，对城中村规模化租赁的租金价格予以调控。

  本章在回顾深圳城中村作为非正规住区定义和由来的基础上，梳理了2000年至今深圳城中村治理模式的转向，对拆除重建和就地升级两种治理模式下的典型个案进行研究，并对两种模式进行比较。研究发现，在深圳城中村治理中，非正规性代表了非二元的治理边界，是具有弹性且可以随时调节的治理策略，是深圳城中村治理模式转型的核心。

  首先，本章为非正规性研究领域二元化的认识提供了独特的实证案例。在非正规住区正规化的案例中，对于权属不清晰的土地，在确权过程中，土地权属类型可以通过谈判的方式被确权为城中村红线范围内用地、历史用地或者其他新的土地权属。这表明即使在非正规住区的正规化的制度框架下，仍然呈现出治理过程的非正规性，以此回应了罗伊关于正规和非正规之间的界限随着各方的争议和谈判处于不断变动中的观点（Roy，

---

❶ 强区放权：2016年以前，城市更新单元规划首先要征求区城市更新局意见，然后征求区政府意见，区政府同意后上报市城市更新局进行规划审批。2016年，深圳市以罗湖区城市更新作为"强区放权"试点，启动规划国土体制机制的改革，将城市更新单元规划的审批权下放到各区政府（市政府令第288号），以提高审批效率。

2009；Roy，2011）。在就地升级的案例中，我们发现一旦政府通过政策文件承认城中村事实上的产权，市场和资本就会愿意进入这一非正规领域。这表明政府可以在非正规领域中划定"特区"，从而模糊正规与非正规的二元边界，以此引入市场和资本，来探索非正规住区高效且低成本的治理路径。结论回应了非正规性不是一个独立于正规之外的领域，而是一系列将不同的经济和空间相互连接的交易过程（Alsayyad，2004）。

其次，本章通过历时性研究揭示了中国地方政府在城中村治理中体现出的巨大灵活性，丰富了非正规性作为发展中国家城市治理语境下灵活的治理策略的认识视角。在"让步的非正规性"（Schoon et al.，2014）的基础上进一步提出，在中国，地方政府能通过强大的政策干预能力迅速动员市场和社会，策略性地利用非正规性，以适应城市发展的阶段性需求。在早期的城中村发展过程中，政府基于既需要大量劳动力又无法为其提供住房的现实需求，对城中村发展采取"睁一只眼闭一只眼"的态度。到了城市土地消耗殆尽的时期，政府通过拆除重建的正规化模式，既解决城中村的"历史遗留问题"，又释放了土地资源，创造了城市新的增长点。面对拆除重建高昂的交易成本以及来自各方对城市权利缺失的质疑，政府通过政策引导、项目背书和行政许可，引入市场进行城中村就地升级，以此作为替代拆除重建的暂时性策略。这种"摸着石头过河"的实验性的城市治理策略回应了政府利用非正规性所具有的不确定性作为未来城市发展的有利条件，通过去管制和非常规的规划法则和规划过程来达到规划的目的（Roy，2009）。因此，非正规性作为具有弹性且可以随时调节的治理策略是深圳城中村治理模式转型的核心。

深圳城中村治理实践转型，为我国其他城市制定非正规住区治理相关政策提供了启示。首先，应从城市整体层面综合考虑城市发展阶段、区位条件、职住关系等因素，对城中村作为低成本住房的社会价值与通过再开发获取的经济价值加以权衡，依此选择适宜的城中村治理模式。其次，应尽快改变非正规住房治理无法可依、无规可循的政策"真空"状态，通过划定"特区"，为市场和资本参与非正规住房更新提供制度保障。再次，对于短期内无法更新的城中村，应开展全面的建筑结构隐患和消防隐患安全排查，保障城中村居住的基本安全。

说明：本章内容已发表，有修改，详见：GAN X，CHEN Y，BIAN L. From redevelopment to in situ upgrading: transforming urban village governance in Shenzhen through the lens of informality [J]. China City Planning Review, 2019（4）：18-29.

第 5 章
北京集体土地租赁住房建设

在我国特有的城乡二元土地制度下，利用农村集体建设用地建设租赁住房，极大地拓展了农村集体建设用地的功能。我国从2017年开始推行利用农村集体土地建设租赁住房的试点工作。围绕这一非正规居住空间新的开发建设模式，本章选取试点城市北京作为研究对象，通过对利益相关方的深度访谈，构建"风险—收益"分析框架，对村集体自主开发、经营权合作、入股合作和入市出让四种开发模式的决策机制及其影响因素进行研究，为推进市场主体参与非正规住房建设的"准入"制度优化提供参考。

在我国特有的城乡二元土地制度下，农村集体建设用地长期以来多处于缺乏统筹、利用低效的状态，并没有直接参与城镇化进程。对于住房紧张的特大城市而言，在存量用地稀缺的背景下，农村集体建设用地是潜在的机会用地。近年来，随着农村土地改革的推进，中央逐步放开对集体建设用地的管制。2017年，国土资源部与住房和城乡建设部联合颁布《利用集体建设用地建设租赁住房试点方案》（以下简称《试点方案》）及《自然资源部办公厅 住房和城乡建设部办公厅关于福州等5个城市利用集体建设用地建设租赁住房试点实施方案意见的函》，分两批于2017年和2019年在北京、上海、广州等13座城市和福州、南昌、青岛等5座城市开展试点，以增加租赁住房供应，缓解住房短缺问题，并提高农村土地使用效率，拓展农民的收益渠道。

北京市于2011年便开展了先期试点，2017年被纳入国家集体土地租赁住房试点城市以来又陆续发布了一系列政策文件[1]，以指导全市范围的实践探索。从全国试点情况看，北京的集体土地建设租赁住房建设工作推进最为顺利（黄宝华，2018）。根据北京市规划和自然资源委员会提供的数据，2017～2018年，北京全市申报集体土地租赁住房项目128个，其中81个通过了市规划国土部门的审批并上报市政府。尽管如此，北京市在集体土地租赁住房建设过程中仍出现了部分地区项目推进受阻、供地积极性不高等问题。总结北京集体土地租赁住房建设实践经验，对在全国范围内开展推广工作具有重要意义。

已有研究针对北京集体土地租赁住房建设这一新政的开展情况及其实施效果进行了探讨。针对北京集体土地租赁住房建设的先期试点工作，银昕等归纳了北京温泉镇351地块公租房项目通过定向配租实现集体土地租赁住房建设与园区产业协同发展的模式，并基于唐家岭公租房项目，总结了集体土地租赁住房项目运营和管理的创新经验（银昕 等，2017）。吴克宁等通过对北京海鹠落村公租房项目的研究，总结了集体土地租赁住房用地跨村统筹的模式（吴克宁 等，2019）。郭永沛等从土地增值收益分配角度，对政府主导出资的公租房、企业受让土地的商业租赁、村企合作开发的商业租赁三种模式开展分析，并提出对策建议（郭永沛 等，2020）。对于北京在全市范围推广的集体土地租赁住房建设工作，严雅琦等分析了北京集体土地租赁住房建设现有制度规范在土地供需、区位和基础条件、集体经济组织与合作企业的利益博弈、规划设计规范方面存在的不

---

[1] 相关政策文件包括：《关于进一步加强利用集体土地建设租赁住房工作的有关意见》《关于我市利用集体土地建设租赁住房相关政策的补充意见》《关于进一步加强全市集体土地租赁住房规划建设管理的意见》。

足,并提出改进建议(严雅琦 等,2020)。田莉等运用"资源禀赋、发展路径、规划管控、政府—集体—市场关系"分析框架,比较了北京、上海、广州、深圳集体土地租赁住房试点情况的差异,指出地方政府和市场主体动力不足、村集体经济实力不足是试点工作推进缓慢的主要原因(田莉 等,2021)。总的来说,已有研究对北京先期开展的集体土地租赁住房试点项目的成功经验进行了较好总结,但对于全市范围推广集体土地租赁住房建设面临的问题,主要关注的是土地供给和政策调节等外部因素,对参与过程相关主体的参与意愿和决策影响因素尚缺乏深入研究。

为此,本章将基于对参与主体的深度访谈,对北京集体土地租赁住房建设的开发模式和参与机制进行研究。下面首先梳理北京市集体土地租赁住房政策的实施流程、土地供应情况和建设模式,其次基于"风险—收益"分析框架,深入探讨村集体和开发商两个集租房建设主要参与方选择开发模式的影响因素,在此基础上提出政策改进建议,以期为集体土地租赁住房相关政策优化提供参考。

本章调查数据主要来自2018~2020年与北京市城市规划设计研究院开展的合作研究,对9位实施主体进行了平均约2小时的深度访谈,其中6人为来自房地产开发企业的项目管理人员,包括国有企业和民营企业各3人;其余3人为村集体的集体土地租赁住房项目负责人,每位均参与了不同类型的集体土地租赁住房项目开发。

5.1 北京集体土地租赁住房建设概况

5.1.1 北京集体土地租赁住房政策实施流程

北京市集体土地租赁住房政策的实施流程主要包括规划、选址、筹备及设计、审批和实施5个环节。在规划阶段,由市级政府管理部门分配各区的年度供地任务;在选址阶段,由区政府和村集体协作完成;在筹备阶段,由村集体确定资金来源,选择独立或与开发商共同制定设计方案;在审批阶段,设计方案报送区政府后,通过层层审批,由区政府编制控制性详细规划,控制性详细规划报市级政府部门审查合格后,便可办理审批手续,项目供地至此完成;在实施阶段,项目的建设、配租运营主要由村集体与开发商两类主体推进,区政府在此过程中起监管作用(图5-1)。

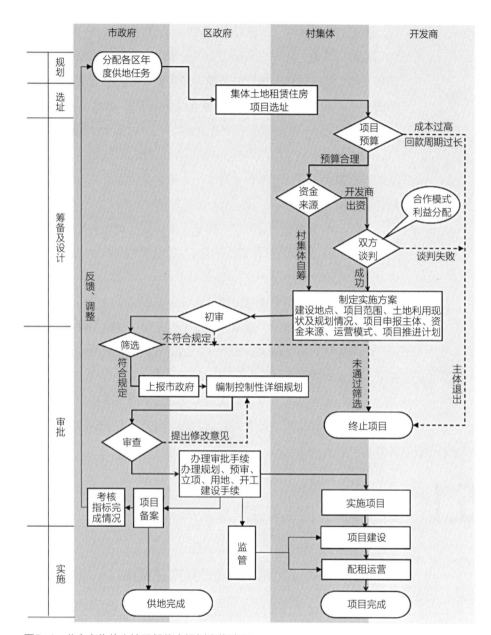

图5-1 北京市集体土地租赁住房规划实施流程

5.1.2 北京集体土地出让计划及其完成情况

在北京集体土地租赁住房建设实施流程中,用地指标供应是第一个环节,也是政府响应国家号召的重要体现。根据北京市发布的供地计划,2017~2021年的5年期间,北京市需完成1300hm²的住宅用地供给,其中集体土地租赁住房用地占主体,达1000hm²,占比为76.9%。集体土地租赁住房用地指标每年供给

200hm², 主要分布在中心城区、平原新城和副中心等地区❶。

从2017～2019年工作的推进情况看，北京集体土地租赁住房的供地总量达到规划目标，实施进展总体符合预期。但从各区的具体完成情况看，密云、房山、海淀、通州、昌平等区的供地任务完成情况并不理想，达标率分别为0、44%、72%、89%、91%（图5-2）；并且项目在供地完成后的建设进展较为缓慢，已开工、已建成的项目比例偏低（表5-1）。

北京市分区集体土地租赁住房供地完成情况　　　　表5-1

		2017年			2018年			总计			
		任务下达（hm²）	完成面积（hm²）	完成项目数（个）	任务下达（hm²）	完成面积（hm²）	完成项目数（个）	任务下达（hm²）	完成面积（hm²）	完成项目数（个）	两年完成率（%）
中心城区	朝阳	23	14	2	25	110	5	48	123	7	257
	海淀	23	9.5	2	20	21.5	4	43	31	6	72
	丰台	23	31	9	15	4.9	2	38	36	11	96
	石景山	3	4.4	3	0	0	0	3	4.4	3	147
平原地区	通州	23	6.2	1	20	32	3	43	38	4	89
	顺义	23	23	6	20	33.3	7	43	56	13	131
	大兴	23	34	5	25	34.5	4	48	69	9	143
	昌平	23	44	5	25	0	0	48	44	5	91
	房山	23	21	3	25	0	0	48	21	3	44
生态涵养区	门头沟	3	4.7	1	5	5.7	1	8	10	2	130
	平谷	3	4.2	1	5	8.7	2	8	13	3	161
	怀柔	3	0	0	5	12.7	1	8	13	1	159
	密云	3	0	0	5	0	0	8	0	0	0
	延庆	3	7.6	1	5	0	0	8	7.6	1	95
总计		202	203.6	39	200	263.3	29	402	466	68	116

（数据来源：北京市耕地保护处）

❶《关于印发北京市2017—2021年及2017年度住宅用地供应计划的通知》《关于印发北京市2018年度建设用地供应计划的通知》《关于印发北京市2019年度建设用地供应计划的通知》。

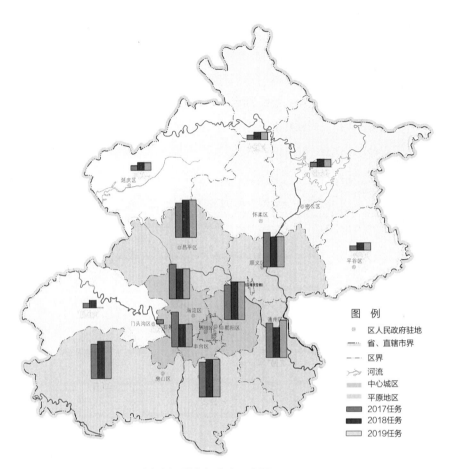

图5-2 北京市各区集体土地租赁住房规划用地指标分布示意图
（来源：作者根据市规划国土发〔2017〕112号、市规划国土发〔2018〕190号、市规划国土发〔2019〕304号文件自绘）

5.2 北京集体土地租赁住房建设模式

　　北京集体土地租赁住房建设实施在总体上遵循政府、村集体、开发商合作共治的逻辑，政府并不直接提供土地、资金和技术等生产要素，而是通过制度设计撬动村集体、开发商参与，以实现生产要素的供给。在此过程中，村集体掌握了关键的土地要素，因此是必不可少的参与主体。但是，除少部分资金实力强、有运营技术积累的村集体有能力自主开发外，大部分村集体存在缺乏资金和运营技术的问题。为了在开发过程中引入资金和技术要素，政府一方面开放了使用项目预期收益贷款的渠道，另一方面也鼓励社会资金和技术的进入，引导村集体与企业合作开发；同时，出于稳妥考虑，政策最初只允许国有企业参与，但在后期也逐渐向非国有企业开放了参与权限。

为了满足主体多样化的特点和需求，政府基于不同的要素供给方式，提出了村集体自主开发、租赁住房经营权出租、集体建设用地使用权作价入股、集体建设用地使用权入市等参与开发的可选政策路径。由于制度设计并未对具体操作方式、利益分配方式作出详细规定，所以在实践过程中，实施模式的具体形式体现为政府制定的正式制度和村集体、开发商在合作中自发产生的非正式制度的混合，可概括为村集体自主开发、经营权合作、入股合作和入市出让四种（表5-2）。

北京市集体土地租赁住房实施模式　　　　表5-2

实施模式	参与主体	建设资金来源	运营方式	合作时长	收益分配方式	实际案例
村集体自主开发	村集体	村集体自筹❶	村集体经济组织自主开发、运营	—	村集体获得全部经营收入	房山区西潞街道夏庄村项目
经营权合作	村集体+开发企业	村集体自筹	村集体与开发企业合作成立公司，村集体将租赁住房经营权出租给合作公司，由合作公司运营，实际运营事务由开发商负责，村集体只参与重大决策	20年	合作公司内部协议分配收益，村集体获得大部分收益	丰台区葆台村欣葆家园项目，合作方为北京乐乎物业管理有限公司
入股合作	村集体+开发企业	企业自筹❷	村集体以集体土地使用权作价入股，与开发企业成立联营公司，由联营公司建设运营，实际运营事务由开发企业负责，村集体只参与重大决策	40~70年	村集体拥有51%以上的股权，每年获得保底分红；开发商获得余下股份和经营收入。现此规定已放宽，实际操作中，部分项目并未严格遵守此股比规定	大兴区瀛海镇西一村项目，合作方为华润置地
入市出让	村集体+开发企业	企业自筹	村集体将土地使用权出让给开发企业，开发企业负责建设运营	40~50年	村集体一次性获得土地出让金，开发企业获得所有经营收入	大兴区西红门镇3号地项目，合作方为北京海港房地产开发有限公司

具体而言，在村集体自主开发模式中，村集体经济组织全权负责项目的立项、开发和运营，获得所有的经营利润，但需自筹项目资金。自筹资金有三种来源：一是村集体自有资金，二是村集体以项目预期收益向政策性银行抵押贷款，三是政府住房保障机构或者园区企业等预付租金。虽然自筹资金可以采用贷款、

---

❶ 村集体自筹资金的途径包括：①自有资金；②以集体经济组织的名义，用项目预期收益向银行抵押贷款，贷款额度为项目资金的70%，村集体需自行承担30%的资本金，贷款期限为20年；③集体经营性建设用地入市试点区域，可用土地使用权向银行抵押贷款；④区住房保障部门、产业园区企业等囤租方，一次性预付3~10年的租赁住房租金。

❷ 企业自筹资金途径包括：①自有资金；②以开发企业的名义，用项目预期收益向银行抵押贷款，贷款额度为项目资金的70%，企业需自行承担30%的资本金，贷款期限为20年；③集体经营性建设用地入市试点区域，可用土地使用权向银行抵押贷款；④私募基金等其他途径。

预付等形式,但仍需要村集体有一定数额的自有资金,因为按照规定,贷款额度上限为项目款的70%,剩下30%的资本金需为村集体自有资金;而囤租的租赁合同的签约期限原则上不低于3年、不高于10年,在项目回款周期普遍在10年以上的情况下,预付租金也并不能完全覆盖项目成本。

在经营权合作模式中,建设资金多由村集体承担,村集体与开发商合作成立公司运营,收益分配方式由双方协商决定。具体做法为村集体自筹资金建设租赁住房后,与开发商合资成立公司,将租赁住房的经营权出租给合资公司,由合资公司负责运营并承担盈亏。由于法律规定租赁合同期限不得超过20年,因此该模式下双方合作周期一般都为20年(图5-3)❶。

在入股合作模式中,建设资金由开发商承担,村集体仅承担土地平整费用,并以集体土地使用权作价入股,与开发商合作成立联营公司运营。村集体占股51%以上,每年获得保底分红;开发商获得余下的股份和经营收入。由于开发商回收投资需要的时间较长,双方合作期限一般为50年。

图5-3 北京市丰台区成寿寺集体土地租赁住房
(图片来源:https://www.archcy.com/uploads/150643/20210220142134_1%20(1).jpg;http://www.precast.com.cn/includes/ueditor/php/upload/20961619316048.png)

---

❶ 实际操作中也存在少量合作期限为40年的情况,为了规避法律对租赁合同20年期限的限制,开发商和村集体一般另行签订合同,约定20年租约到期后再续签。该情况出现的原因如下:试点初期的集体土地租赁住房政策不允许民营企业与村集体参与重资产的入股合作开发,只允许其参与轻资产投入的经营权合作开发,部分民营企业由于期望通过重资产开发来获取更高的利润空间,需要更长的合作运营周期来回收投入的成本。

在入市出让合作模式中，村集体完成土地平整后，将集体土地使用权出让给开发商，一次性获得土地出让金，开发商负责后续所有建设、运营环节，获得所有经营收入。现阶段该模式仅限在北京集体经营性建设用地入市试点的大兴区实施。在已经实施的案例中，集体土地租赁住房项目开发均与集体经营性建设用地的镇级统筹相结合。镇级统筹指以镇为单位统筹集体经营性建设用地指标，并由镇级联营公司出面与开发商合作。

5.3 基于"风险—收益"分析框架的建设模式比较

为了分析北京集体土地租赁住房建设各种开发模式在实施过程中面临的挑战，笔者深入主体的决策过程，围绕"为什么选择某种开发模式而不选择其他开发模式"这一问题，分析各种开发模式适用的实施主体类型以及利弊。基于深度访谈内容，经语义分析得出村集体、开发商选择开发模式的决策机制，进而构建出基于各自综合考量的"风险—收益"分析框架。

概括来说，集体土地租赁住房的开发本质上即村集体、开发商在自身客观条件允许的范围内就"风险—收益"进行合作博弈的过程，其决策既受到客观实力的限制，又受到主观偏好的影响。在客观实力允许的范围内，两类主体根据自己对风险、收益的偏好，权衡利弊，选择集体土地租赁住房的建设方式和运营方式，并与匹配的对象达成合作，最终达成村集体自主开发、经营权合作、入股合作和入市出让这4种合作模式中的一种（图5-4）。

对于村集体而言，由于不同村集体存在资金实力、运营能力等客观实力的差异，其可选择的合作模式也不同。资金实力较强并有一定房地产开发运营经验的村集体，既可以选择自主开发，也可以选择与开发商以各种方式合作。这类村集体的决策受主观偏好影响较多，在比较各模式下自身可获得的好处（收益可持续性、利润收益、合作中的决策主导权等）和获得好处需承担的风险（经营风险、投资风险）后，选择相应的合作模式。资金实力较弱或无运营能力的村集体则受客观实力影响较大，可选择的合作模式较少，更多地处于一种被动选择的状态。

对于开发商而言，由于不同开发商的资金实力存在客观差异，其选择可能性也受到了相应限制。资金实力较强的开发商可以选择任何一种方式与村集体合作。同样是在权衡收益（资产收益、利润收益、决策主导权等）和风险（主要为投资风险）后作出选择，资金实力较弱的开发商的选择却较为被动。

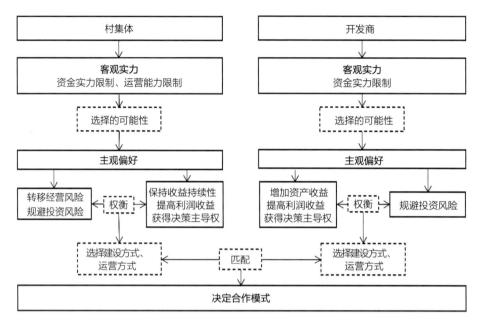

图5-4 集体土地租赁住房开发模式决策的"风险—收益"分析框架

下面将利用基于客观实力和主观偏好的"风险—收益"框架对每种开发模式适用的主体类型及利弊进行分析。

5.3.1 村集体自主开发模式分析

在村集体自主开发模式中,村集体出资建设、村集体独立运营且自负盈亏。对于村集体来说,此类模式优点是利润最高,并掌握绝对决策主导权;缺点是村集体需要承担全部投资风险和经营风险。

在房山区L村自主开发的集体土地租赁住房项目中,项目成本约4.6亿元,涵盖土地一级开发、建设安装、税收等费用,全部为L村集体经济组织自筹,资金筹集方式为L村集体经济组织以项目未来收益向政策性银行贷款,贷款所需的30%资本金为L村自有资金。由于L村集体经济组织在之前进行过度假山庄、住宅小区等多个房地产开发项目的开发,有运营经验,因此项目由其自主运营。对于项目收益,负责人h表示:

"经手的人越少,利润率越高。我们都是自己来,肯定利润最高。"

总的来说,村集体自主开发模式适合有资金实力、运营能力,且愿意承担高风险以获得高收益的村集体。

5.3.2 短期经营权合作模式分析

短期经营权合作模式下，村集体出资进行土地一级开发、项目建设，由村集体与开发商合作经营，但实际运营事务由开发商负责。从风险角度来看，村集体承担了项目的投资风险，但将大部分经营风险转移至开发商。在收益分配环节，村集体往往会获得更多利润，并在重大决策上有主导权；而开发商利润空间较小，且获得的资产收益为约20年的经营权，资产价值相对于其他模式较低。

在F房地产公司参与的丰台区某短期经营权合作项目中，租赁住房前期的土地一级开发费用、建安成本和粗装修成本皆由村集体一方承担，造价约为5000元/m^2，F公司仅承担精装改造和家具成本，造价约为900元/m^2。而在具体的利益分配环节，F公司从村集体手中获得租赁住房20年的经营权，在空置率不高的情况下，项目每年的房租总收入中，除去近30%的运营成本、税赋成本，收入的50%以上以项目经营权租金的形式由村集体获得，F公司仅获得约20%。

总的来说，短期经营权合作模式适合两类村集体：一类是有资金实力和运营能力，但是想转移亏损风险的村集体；另一类是有资金实力但没有运营能力，想在条件允许的情况下尽可能获取较高利润的村集体。该模式也适合两类开发商，一类是资金实力较弱，仅能够提供运营服务的开发商；另一类是资金实力较强，但是想规避投资风险的开发商。

5.3.3 集体土地使用权入股合作模式分析

集体土地使用权入股合作模式下❶，土地一级开发费用一般视村集体的资金实力或合作双方的意愿，由村集体、开发商中的一方承担，但建设成本均由开发商承担，经营由开发商和村集体合作进行，但实际运营事务由开发商负责。其具体的风险承担和收益分配存在两种不同情况，但总体而言风险和收益是相匹配的。

第一种情况是村（镇）集体在土地一级开发中付出了高昂的成本，其资金投入甚至超过了建设成本，在大兴区的部分区域较为常见。在此种情况下，由于村集体认为自身承担了更多的投资风险，会要求获得更多的项目收益。

在大兴区J镇M村与C房地产公司的入股合作项目中，由于J镇为北京集体经

---

❶ 本模式也包括长期经营权合作模式。由于入股合作模式和长期经营权合作模式的资金投入、利益分配本质相同，只是前者针对国有企业，后者针对非国有企业，为了避免简单问题复杂化，此处将两种模式放在一起讨论。

营性建设用地入市的试点区域，施行"拆五还一"的政策，即腾退5个单位的经营性建设用地，获得1个单位用地的入市资格，因此平均下来每个单位土地的一级开发成本十分高昂。M村项目总投资39.4亿元，其中土地一级开发费用占55%，由J镇集体经济组织承担，其余45%由C公司承担，J镇投入的资金更多。在收益分配环节，J镇获得的资产价值和营业收益都在政府底线的基础上有所提高。在资产分配上，在J镇以土地使用权作价入股与C公司成立联营公司中，J镇获得的股份高于政府规定的51%底线。在利润分配上，在项目净盈利之前，每年营业收入的分配以由C公司向J镇支付保底收益的方式进行；项目实现净盈利后，再按股比分红，两种情况下，J镇获得的营业收入都高于C公司。

第二种情况是开发商在项目中付出的成本更多。此种情况下，开发商承担了主要的投资风险和大部分经营风险。因此，虽然按政府设定的底线，村集体与开发商股比为51∶49，开发商在资产分配上不占优势。但在利润分配上，开发商会要求得到更多的营业收入以弥补其付出。项目后期实现净盈利后，分红的比例也会在其股份比例的基础上有相应提高，具体分配方案按照合作双方协商一致的约定条款执行。

在A房地产公司参与的丰台区某村的入股合作项目中，建设相关成本7.3亿元，全部由A公司负担；土地一级开发由村集体负责，拆除建筑面积3万余m²的厂房、平整用地，具体花费数额不详，但远少于建设成本。在该项目中，A公司承担了主要的成本投入。在利益分配环节，按当时政策规定，村集体与A公司股比为51∶49，A公司股份收益少于村集体。但为平衡前期的高投入，A公司通过在合同里与村集体另行约定，使A公司每年获得超过股份比例的营业收入。A公司的项目负责人b表示：

"（分红）不会按股比来。分给村集体的钱要是都超50%了，我又担了市场风险又投了钱，结果你还分红全分走了，这不都亏了？一般来说，我们拿到的钱会多一些，毕竟村集体没有参与运营，也没有承担经济风险。"

总的来说，入股合作（或长期经营权合作）模式适合的村集体类型较广，包括资金实力较强，但是想同时降低投资风险、转移经营风险的村集体，也包括一些资金实力较弱，希望获得持续性收益的村集体。该模式主要适合一类开发商，即有资金实力，想获得较高利润收益和资产性收益，并因此愿意承担投资风险的开发商。

5.3.4 集体土地使用权入市出让开发模式分析

集体土地使用权入市出让模式为村集体将土地使用权出让给开发商，开发商向村集体一次性支付土地出让金后独立开发和运营。在此过程中，开发商承担了全部的投资风险、经营风险，但获得了全部经营利润并掌握了绝对的决策主导权。此外，由于土地使用权可以自由流转、抵押，开发商获得的资产价值较高。理论上，该模式与利用国有土地建设长租公寓是相同的盈利逻辑，即无论项目是否可以在短期内实现净盈利，只要收入的现金流能覆盖贷款利息，开发商就可以保证利益不受损，因为可以将不动产变现以实现回款。对村集体来说，村集体不承担任何风险还能获得高额资金收入，但也一次性透支了未来的所有收益。

然而，事实上由于集体经营性建设用地入市存在很大不确定性，开发商一般不倾向于选择此种模式，大多处于观望阶段，因此真正实施的项目数量较少。在此背景下，大兴区J镇进行了示范性探索，具体做法是J镇集体经济组织新成立一家子公司，镇级母公司将土地使用权一次性出让给子公司，由子公司承担开发运营的责任，其相当于一个"开发商"。后期，此种模式逐渐得到社会企业的接受并推广开来。截至2018年3月，大兴区后续已有4个地块采用该模式出让（北京市国土资源局大兴分局数据）。

总的来说，只要在经营性建设用地入市的试点地区，入市出让模式便适用于任何希望在短时间内获得大量资金的村集体。对于开发商而言，该模式适合资金实力较强、愿意承担高风险以获得高收益的开发商。

利用农村集体建设用地建设租赁住房是我国在传统的征地开发模式之外，让集体建设用地参与城市发展的一种重要探索。本章以政策试点城市北京近年来的实践探索为研究对象，分析村集体和开发商的开发模式和参与机制。总体而言，北京集体土地租赁住房建设过程本质上是政府、村集体、开发商三个核心利益主体合作开展空间治理的过程。从三者在合作治理框架中的角色来看，政府主要提供制度要素，通过路径设计，撬动村集体、企业自发参与开发；村集体、开发商则通过提供土地、资金、技术等生产要素参与实施。从参与主体间的互动关系来看，村集体和开发商围绕集体土地租赁住房项目的风险承担和收益分配进行合作博弈，当从合作中获得的收益和承担的风险相匹配时，博弈便达到均衡状态。在此过程中，政府作为第三方对二者的行为活动、契约履行进行监督，并同时保护村集体的利益（图5-5）。

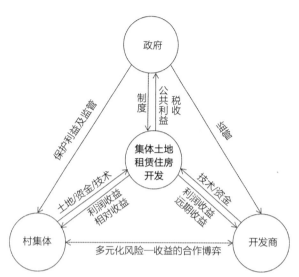

图5-5　政府、村集体、开发商围绕集体土地租赁住房开发的合作治理机制

进一步基于"风险—收益"分析框架，研究北京集体土地租赁住房村集体自主开发、经营权合作、入股合作和入市出让四种开发模式的特征及其适用性可以发现（表5-3）：集体土地租赁住房的开发是村集体、开发商在自身客观条件允许的范围内对"风险—收益"进行合作博弈的过程。每种开发模式的制度设计只是一种初始的利益分配安排，在合作过程中，村集体和开发商会保持博弈的态度，直到获得的利益与自身承担的风险基本匹配，达成博弈均衡。因而从某种意义上来说，政府对收益分配结果的干预是失效的。由此可见，集体土地租赁住房开发在本质上是一个政府政策引导社会主体参与的过程，在此过程中，村集体、开发商等实施主体在政策的弹性空间下自发探索。

作为一项探索性工作，利用集体土地建设租赁住房的试点实践既是开发商和村集体等实施主体积累经验的过程，也是暴露政府相关政策不足并进行调整完善的机会。针对当前集体土地租赁住房实施进展缓慢、参与主体积极性不高等问题，设定合理的管控边界是关键。首先，建议政府尊重市场规律，减少对利益分配等环节的过多干预，激发参与方的积极性，充分释放市场活力。政府应给予参与方更多的用地选择权和谈判空间，避免由于制度约束影响参与主体的参与意愿甚至诱发非正规的交易行为。其次，建议政府加强对公平有序的市场环境的监管，并逐步完善配套制度建设。村集体和开发商是一种合作博弈关系，而良好的合作博弈关系建立的

集体土地租赁住房开发模式的利弊分析及适用的主体类型　　　　　　表5-3

实施模式	利弊分析		适用主体	
	村集体	开发商	村集体	开发商
村集体自主开发	村集体可获得利润为四种模式中最高,但对其资金实力、运营能力要求较高	—	有资金实力、运营能力,偏好高风险—高收益的村集体	—
经营权合作	村集体可在规避运营亏损风险的同时保留运营期间的决策权,但该模式对村集体资金实力要求较高,且村集体需向开发商让渡小部分运营收益	该模式对开发商资金实力要求不高,且开发商承担的投资信贷风险较小;但开发商从中分得的利润较低,且不能获得资产性收益	有资金实力、运营能力,期望转移运营亏损风险的村集体;有资金实力、无运营能力,期望最大限度地获取利润的村集体	资金实力较弱,仅能够提供运营服务的开发商;资金实力较强,但是想规避投资信贷风险的开发商
集体土地使用权入股合作	该模式对村集体资金实力和运营能力无要求,村集体可在规避投资信贷风险、运营亏损风险的同时保留运营期间的决策权,但需向开发商让渡较大运营收益	开发商可获得的利润相对较高,且可获得股份资产收益;但该模式对开发商资金实力要求高,开发商需承担较大投资信贷风险	资金实力较强,但是想同时降低投资风险、转移经营风险的村集体;资金实力较弱,希望获得持续性收益的村集体	有资金实力,想获得较高利润收益和资产性收益,因此愿意承担投资风险的开发商
集体土地使用权入市出让开发	村集体一次性可获得大量资金收入,同时可规避所有投资信贷、运营亏损风险,但不能分享运营收益,运营期间无决策权	开发商可获得的利润最高、资产收益最大,且运营期间可独立决策,不受村集体干涉;但该模式对开发商资金实力要求高,开发商需承担较大投资信贷风险	任何希望在短时间内获得大量资金而又不想承担任何风险的村集体	资金实力较强、愿意承担高风险以获得高收益的开发商

前提是双方对契约的严格遵守,因而需要加快建立健康的市场秩序,保障合作过程的公开透明,避免不正当竞争导致交易成本的增加。再次,政府还应加强金融、财政等配套制度建设,为参与方的投资运营提供有力保障。

说明:本章内容已发表,有修改,详见:李梦晗,陈宇琳,王崇烈. 风险—收益视角下的北京集体土地租赁住房开发模式研究[J]. 北京规划建设,2021(3):44-49.

第 6 章
北京城中村综合整治与运行管理

消防安全隐患是制约非正规居住空间发挥可负担住房功能的关键所在。本章聚焦量大面广的保留型城中村，通过对北京市城乡接合部典型城中村案例的调研，对保障城中村安全有序运行的自主整治提升策略及其实施机制进行研究，探索非正规居住空间"运行"正规化的可行路径。首先梳理了北京城中村的形成过程、建筑布局特征和建设管理模式；其次归纳了城中村安全隐患治理过程中面临的固有格局难达消防规范、违规利用带来潜在风险、消防设施难保正常运行等普遍性问题；进而结合实践探索，总结了将非正规空间纳入正规监管、采取柔性措施补救刚性短板、网格化管理保障设施正规运行、运用智慧手段建构治理共同体等成功经验；最后提出城中村综合整治和运行管理对策建议。

消防安全隐患是制约非正规居住空间发挥可负担住房功能的关键因素，也是非正规居住空间治理领域公认的世界性难题。在我国城中村更新治理从拆除重建主导向整治提升主导转型的背景下，既有研究对量大面广的保留型城中村关注仍十分不足。已开展的城中村安全治理相关研究主要集中在消防安全管理领域。有学者识别了城中村火灾高风险地区，发现其主要集中在生产加工作坊、易燃易爆场所和娱乐场所（宋志刚 等，2008）。还有学者梳理了城中村火灾事故发生的原因，认为主要包括防火间距不足、建筑耐火等级低、潜在起火点多且使用不规范、消防安全设施配备不足、管理机制不完善等因素（彭剑 等，2010；俞丹青 等，2015；谷建军，2019）。然而，在现实城中村综合整治过程中，普遍面临改造难度大、资金不可持续等问题（张艳 等，2021），但现有研究对城中村安全整治提升的应对策略仍缺乏深入探讨。为此，本章将聚焦我国大城市最为普遍的保留型城中村，以北京市为例，从非正规居住空间"运行"的维度，对保障其安全有序的自主整治提升策略及其实施路径进行研究。

北京是我国首都，在城市快速发展过程中形成了大量城中村和城边村，尤其是绿化隔离地区，由于邻近主城区、交通便利，成为高密度城中村的集中地。北京对城中村的治理由来已久。2009年北京市在海淀区北坞村和朝阳区大望京村开展城乡接合部综合配套改革试点。2010年北京市启动50个外来人口倒挂重点村的改造工作，但由于融资困难等原因，重点村改造工作进展缓慢，且由于对流动人口的安置问题考虑不足，导致城中村的外移（顾朝林 等，2012；冯晓英，2013）。在2011年启动的两轮地下室综合整治行动和2013年启动的群租房治理行动的影响下，大量居住在中心城区的流动人口迁入城中村，城中村的租住人口迅猛增长。2017年北京市在减量发展背景下启动"疏解整治促提升"专项行动，城中村治理的重点开始从更新改造转为综合整治。2017年年底北京市大兴区西红门镇新建村发生的重大火灾事故加速了北京市对全市范围所有村庄的清理整治工作，消除安全隐患成为城中村治理的重中之重。

本章将以北京非正规居住空间安全综合整治实践为研究对象，通过对典型案例的分析，探究如何在"运行"维度应对非正规居住空间难以满足消防规范的难题。下文首先回顾北京城中村形成的过程，分析其空间特征和建设管理模式；其次在城中村整治提升工作背景下，分析城中村治理的难点；在此基础上，结合案例经验探讨城中村自主整治提升的可行路径。

本章研究的两个案例D村和W村均位于北京市昌平区。昌平区是北京市人口

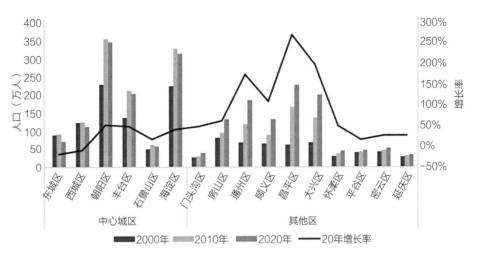

图6-1 2000~2020年北京市各区常住人口变化
（数据来源：北京市第五、第六、第七次全国人口普查数据公报）

第三大区，也是近年来全市常住人口增长最快的区，外来人口占常住人口的比重持续上升（图6-1）。2020年昌平常住人口为226.9万，比2000年的61.5万增长了269.1%，其占全市常住人口的比重也从2000年的4.5%增长至2020年的10.4%。2000年昌平外来人口15.3万，占全区常住人口的24.9%；2020年，外来人口增长至131.0万，占比进一步提高到57.7%。D村和W村均位于北京市昌平区南部，地处北五环外、第二道绿化隔离带内，是典型的城乡接合部城中村（图6-2）。其中，D村是北京市50个市级整治重点村之一。D村紧邻地铁终点站，交通条件优越。D村村域面积约360hm², 建设用地约70hm², 有自建房约500栋，出租房屋约2万间。2021年D村总人口约4.5万，其中本地户籍人口2160人，人口倒挂比高达20∶1。笔者通过访谈了解到，D村在2015年人口高峰期聚集了近12.5万人。W村位于D村村东2km。W村不仅靠近地铁终点站，村南还有2个公交总站，对外交通也十分便利。W村村域面积约79hm², 建设用地约10hm², 有自建房约110栋，出租房屋约4800间。2021年，W村总人口为7383人，其中本地户籍人口611人，人口倒挂比为11∶1。两村出租房屋的面积一般为15~25m²/套，配有独立厨卫，2020年每套的租金为1500~2000元/月。本研究的数据资料主要来自2019年4月至2021年12月对D村和W村进行的多次实地走访，以及对昌平区消防支队负责人、两村的村委会负责人、村民和租户共计27人的深度访谈。深度访谈重点了解昌平区政府对城中村安全隐患整治工作的相关规定，两村开展安全隐患整治工作的思路、做法及成效，以及村民和租户对治理工作的看法。

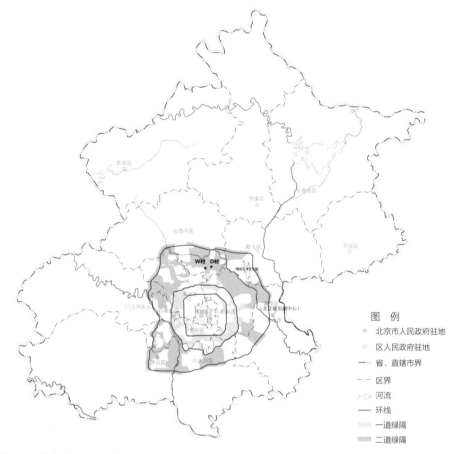

图6-2 北京市昌平区D村和W村区位示意

6.1 北京城中村概况

本节以列入北京市50个市级整治重点村的D村为例,介绍城中村的发展过程,分析其建筑形态特征以及出租房屋的建设管理模式。

6.1.1 城中村形成过程

D村形成于清代,是北京郊区一个典型的自然村,在长期发展过程中一直保持着传统的村落肌理。正如已有研究揭示的那样,大城市日趋高企的房价,以及长期以来对农村地区建设监管的薄弱状况,为地理位置优越和交通条件便捷的城市近郊村庄发展成为城中村提供了契机(吴维平 等,2002;吴晓,2003)。2007年D村附近地铁线路的开通是村庄巨变的开始。D村凭借紧邻地铁终点站的优越交通条件，吸引了大量流动人口前来租住，于是村民争相重建自宅。建设初期，村民翻建房屋不需要镇政府审批，可自行建设。虽然规定村民自建房不允许超过2层，但由于并无处罚措施，翻建后的房屋多为4层或5层。随着楼房越建越多，镇政府和村委会开始对村民建房进行管控，对超过2层的部分采取停水停电和强行拆除等处罚，但村民打着"追求公平"的旗号，采取"拖时间"的策略与政府"周旋"，建设2层以上楼房的情况仍屡禁不止。直到2017年"疏解整治促提升"行动的启动以及北京大兴西红门镇火灾事故的发生，使北京市各级政府和村委会加强了对村民自建房的审批管理，严格执行新建房屋不允许超过2层（檐口高度7.2m）的规定，并对施工主体的资质和施工环节加以严格管控，村民的违规建设行为才得到有效控制。在短短的十几年间，除个别院落因产权或家庭矛盾未翻建外，D村几乎所有的院落都经历了改造，从传统的三合院或四合院变成3~6层的小楼，完成了从传统村庄向城中村的转变（图6-3、图6-4）。

6.1.2 城中村建筑布局特征

城中村在建设过程中体现了空间利用最大化的布局原则，在平面上用最小的交通面积服务最多的出租房屋数量，在纵向上充分利用原有宅基地范围垂直"生长"。

D村各宅基地的面积在200~300m²，多为20m×15m见方。大多数一开始只有北房，用于长辈居住，之后随着子女增多，逐渐建起东屋和西屋，形成三合院或四合院的格局（图6-5老宅格局）。D村在从自然村向城中村转变的过程中，村民在既有院落基础上根据家庭情况进行了多样化翻建。基于对D村的调查，可将翻建模式分为以下5种（图6-5、图6-6）。

模式一是保留老宅，院内加建。个别村民由于自身原因，选择保留老宅和原有合院格局，在院内加建一些简易建筑，并将部分房屋用于对外出租。

图6-3　D村空间形态演变（白色为翻建后的楼房）
（图片来源：作者根据百度地图绘制）

图6-4 D村成为城中村后的景象
（图片来源：白颖豪）

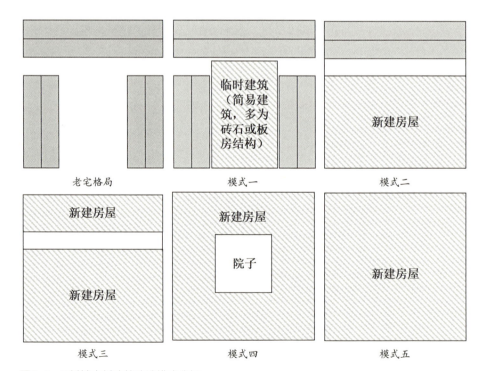

图6-5 D村城中村建筑改造模式分析

模式三——分两次建设布局

模式四——回字形布局

模式五——一字形布局

模式五——T字形布局

图6-6 D村城中村建筑改造平面示意图和室内景象

模式二是保留北屋，翻建东、西屋。部分村民为了保留家族记忆，选择保留北屋，只拆除后建的东、西屋用于新建小楼，北屋和新楼之间保留通道。

模式三是先翻建东、西屋，再翻建北屋。村民分两次建设多因一开始资金不足，等资金到位后再建另一部分。

模式四是整体翻建，回字形布局。接近方形的宅基地形状布置合院十分合理，但若建成小楼，采光就成了问题。为此，一些村民在新建楼房中心预留天井，外设回字形走廊，四周布置房间。

模式五是整体翻建，全部建满。楼内一般采用一字形或T字形走廊组织房间。相较于前四种模式，这种改造方式获得的房屋间数最多，因而也是城中村中最常见的建筑布局。

就出租房屋的内部环境而言，D村的出租房屋一般都配有独立卫生间和浴室；大部分出租房屋都有直接对外的窗户，那些位于分两次建设而成的楼房中部的房间则设置了面向走廊的内窗；在采光效果上，低层房间的采光效果较差，三、四层及以上楼层房间的光线相对充足。房东一般会在屋顶层上设置公共的晾晒区域。总体而言，D村村民自建房的居住环境相对较好，能够满足租户的基本居住需求。

当然，村民在自发建设的过程中，为了降低成本、增加面积，翻建后的楼房在建筑格局、建筑质量和建筑性能方面也存在一些潜在问题，主要包括：①建筑格局存在一定缺陷，如楼内仅有1部楼梯；有的楼道公共走廊较窄，宽度不足1m；一些房间窗户过小，光线不足，逃生困难。②建筑性能较差，房屋外墙都为"24墙"，没有保温层，房间保温性能差、隔声效果差，影响居住品质；厨房和厕所共用烟道，存在异味问题。③建筑质量没有保证，如设计不规范，未找有资质的设计单位设计施工图；为节省成本，随意降低混凝土级别和钢筋级别、钢筋配筋率不足；施工不规范，基础工程、上部结构工程、电气工程及消防工程等存在质量安全隐患。

6.1.3　城中村建设管理模式

根据D村调查，城中村出租房屋的建设管理模式可根据建设和管理的主体分为村民自建自管、村民自建后交给"二房东"管理、"二房东"建设管理3种模式（表6-1）。

第一种模式是村民自建自管。村民投资房屋建设需要投入大量资金，以D村2016年建设一栋4层的楼房为例，从拆除老宅到完成新房简装约需150万元。早期只有一些洞察到市场先机且大胆的村民敢于投资房屋建设。后来观望的村民看到邻居投资回了本，便纷纷前去取经，并依靠亲友帮忙完成房屋翻建，做起了拿着钥匙收租的房东。这种模式对于村民而言，资金投入较大，实施难度较高，但风险较低，D村中约有65%的村民选择此模式。

第二种模式是村民自建房屋后交给"二房东"管理。如果家中长辈及其子女均无暇打理房屋，他们会选择将房屋交给"二房东"管理。村民一般会和"二房东"签订 3 ~ 5 年的协议。"二房东"接手村民的房屋后，多会通过房屋装修和更换家具对房间进行升值。一般一栋房屋"二房东"的收入在 10 万 ~ 20 万元 / 年。D 村大约有 30% 的村民采用这种方式。

第三种模式是村民将房屋交给"二房东"建设管理。对于那些既无经济实力又无管理能力，但又想翻建房屋的村民，会选择将房屋交给投资者建设管理。投资者最短会在 5 年后将房屋交还给村民，并会定期给村民分红。这种方式对于村民来说最为省心，但风险比较高，也容易引起纠纷。这种模式在 D 村并不常见，选择这种管理模式的村民不到 20 户，占比约为 5%。

D村房建设管理模式分类　　　　　　　　　　　　　　　　表6-1

模式	建设主体	运营主体	实施难度	经济收益	风险水平	占比（%）
村民自建自管	村民	村民	高	高	低	65
村民自建后交给"二房东"管理	村民	二房东	中	中	中	30
"二房东"建设管理	二房东	二房东	低	低	高	5

6.2 北京城中村安全治理难点

2017 年年底，北京大兴西红门镇火灾事故引发了社会各界对城中村安全问题的广泛关注，北京城中村治理的重点也从过去"以房管人"思路下注重对"人"的管控，转向以保障生命安全为目标的加强对"房"的治理。一方面，北京市政府加速于 2017 年年初启动的"疏解整治促提升"专项行动，对城乡接合部重点村进行了全面的综合治理。另一方面，从中央到地方各级政府颁布了一系列安全隐患治理措施❶，加强了对城乡空间的常态化安全管理。其中，昌平区将"城乡接合部村民宅基地出租房屋"作为安全隐患治理工作的重点，并制定《昌平区村民自建出租房屋消防安全隐患整治标准》（以下简称《整治标准》）指导城中村整治工作的开展（表 6-2）。

---

❶ 如中共中央办公厅、国务院办公厅于 2018 年 1 月印发《关于推进城市安全发展的意见》，北京市安全生产委员会于 2017 年 11 月发布《北京市安全生产委员会关于开展安全隐患大排查大清理大整治专项行动的通知》，北京市政府于 2018 年 8 月颁布《北京城市安全隐患治理三年行动方案（2018—2020 年）》，北京市昌平区政府于 2018 年 9 月颁布《昌平区城市安全隐患治理三年行动方案（2018—2020 年）》。

北京城中村安全隐患治理工作取得了显著成效。以D村为例，村委会组织村民逐一排查火灾的潜在源头，清退四层及以上房间以及密度过高房间的租客，清理楼道内影响疏散的障碍物；组织村民安装和配备烟感器、喷淋、灭火器；建设微型消防站，成立消防安全巡查队；定期举行消防安全大会，向村民宣传消防管理规定。这些举措有效降低了人口密度，改善了村庄环境，提升了村民和租客的安全感。

《整治标准》条文分类分析　　　　　　　　　　　　　　表6–2

类型	治理标准
火灾源头控制	(1) 不得出现"三合一""多合一"现场（第1条）； (2) 建筑物内禁止电动自行车停放及充电（第2条）； (3) 出租房屋内电气线路使用硬质阻燃管或阻燃材料槽盒进行保护（第6条）； (4) 房屋内不得使用天然气、液化石油气及甲、乙、丙类易燃、可燃液体（第8条）； (5) 出租房屋内严禁使用大功率电器设备（第11条）
人员密度控制	(6) 地下建筑房屋不得用于出租住人（第9条）； (7) 出租房屋四层及四层以上不得出租住人（第10条）； (8) 出租房屋人均居住面积不小于5m²，且每个房间居住人数不超过2人（有法定赡养、抚养、扶养义务关系的除外）（第14条）
火灾蔓延控制	(9) 出租房屋围护结构使用的彩钢板全部拆除（第7条）； (10) 出租房屋隔墙和走道隔墙使用不燃材料，且从底部砌到顶部（第15条）； (11) 房间内墙面、顶棚禁止使用易燃、可燃材料进行装饰、装修（第16条）； (12) 每间出租房屋与疏散通道连通的门应为乙级防火门（第18条）
逃生通道预留	(13) 出租房屋门窗上不得设置影响逃生的固定金属栅栏等障碍物（第3条）； (14) 楼道及疏散楼梯时刻保持畅通，及时进行可燃物清理（第12条）； (15) 2层（含）以上的出租房屋应设置封闭楼梯间，楼梯间内宜可开启外窗（第19条）； (16) 3层及以下每层小于200m²的出租房屋设置1处楼梯间；超过此类规模的出租房屋每层楼梯间不少于2处，楼梯间的距离不小于5m（第20条）
消防设施配备	(17) 出租房屋每个房间及走道设置火灾自动报警系统或独立式火灾自动报警器（第4条）； (18) 出租房屋每个房间应设置简易喷淋设施（第5条）； (19) 出租房屋落实24小时值班制度，要制定消防设施器材维护管理制度、用火用电安全管理制度、防火巡查整改制度、灭火和应急疏散预案；每个房间配备1具灭火器（4kg及以上）、至少2个简易防烟面具，2层及以上有外窗房间每房配置1套逃生绳等自救器材；疏散走道及楼梯间设置应急照明灯和疏散指示标识（第12条）； (20) 体积大于5000m³的出租房屋应设置室内消火栓系统（第17条）

经与《整治标准》比对，其中绝大多数条款D村在整治后的半年内均已达标。但仍有一些条款由于城中村的空间格局限制或改造所需的投资过高，至今仍无法落实，而这正是城中村安全治理的难点所在。下面将从建筑布局、空间使用、运行管理三个方面详细说明。

6.2.1　固有格局难达消防规范

疏散楼梯是火灾发生时最主要的逃生通道。《整治标准》对疏散楼梯的空间形态和数量进行了如下规定：2层（含）以上的出租房屋应设置封闭楼梯间，楼梯间内宜设可开启外窗（第19条）；3层及以下每层小于200m²的出租房屋设置1处楼梯间；超出此类规模的出租房屋每层楼梯间不少于2处，楼梯间的距离不小于5m（第20条）。

D村非正规的建造方式给《整治标准》的执行带来极大困难。第一，由于自建房的楼梯间面积狭小，大多无法封闭，因而无法满足《整治标准》第19条的规定。第二，D村的大部分自建房的单层面积都超过了200m²且都在3层以上，根据《整治标准》第20条规定，理应在原有楼梯之外再增设1部，但由于宅基地或外挑阳台侵占街道的现象较普遍，如宅基地向街道延展1~2m、外挑阳台向街道凸出0.5~1m，因而主街以外区域的很多楼房都不具备在沿街面增设疏散楼梯的条件。而对于宅基地不临街的其他界面，尽管村民建造楼房时一般会在相邻的两个宅基地之间各让出50~75cm，共计1~1.5m宽的空间用于采光和散水，但这一空间对于增设消防楼梯而言无疑过于狭窄。

由此可见，城中村既有的土地利用模式和建筑空间布局，不可避免地存在逃生通道不足的问题，而且这一问题在短期内难以解决。既有空间格局与疏散需求之间的矛盾是城中村安全治理最大的难题。

6.2.2　违规利用带来潜在风险

《整治标准》规定：出租房屋四层及四层以上不得出租住人（第10条）。D村的自建房多半都为4层以上，调查中发现，大部分四层及以上楼层的房间都已贴上封条。但村民普遍不认同四层及以上空间不得出租的规定，认为这不仅影响了自己的租金收入，而且还造成巨大的空间浪费。近年来，一些村民开始灵活使用空置的四层及以上楼层的空间。

第一种利用方式是村民自用。原先村民为了管理方便，都居住在一层近门的位置。禁令颁布后，一些村民将四层或以上楼层改造后自住，而将原来一层的空间对外出租。对于那些年纪较大、不方便上下楼的村民，则多利用四层及以上楼层堆放杂物。

第二种利用方式是作为公共设施用房。一些村民将公共的洗衣房和晾衣房设在四层及以上楼层。

第三种利用方式是开设商业设施。调查中发现在一幢6层的自建房中，五层被租给武馆，六层为武馆的办公室和村民的自住空间。

此外，还有一些村民不顾管理规定，仍以较低的租金将四层及以上空间继续出租住人。这种行为一旦被举报，上级政府会对村民进行批评教育，并通知村委会令其限期清退四层及以上空间的租户。

可以看出，一方面，政府为保障安全，禁止使用四层及以上空间，导致自建房大面积空置；另一方面，村民为避免空间闲置，非正规使用禁用空间，安全风险依然存在。空间闲置与安全隐患之间的矛盾是城中村治理的又一难题。

6.2.3 消防设施难保正常运行

昌平区的消防安全隐患整治标准并非没有考虑城中村的实际情况。针对城中村非正规住房的现状，《整治标准》要求配备的消防安全设施均为"简易"设施。以消防喷淋为例，除对设施的数量和位置进行严格规定之外，在安装工艺上实行的是"简易"要求，即可直接与自来水给水管连接。这种做法虽然达不到《住宅设计规范》（GB 50096—2011）、《自动喷水灭火系统设计规范》（GB 50084—2017）等规定的独立供水水管和水压强度要求，但具有安装成本较低、安装便捷等优点，在危险突发时能够为人员逃生争取一定时间，减少生命和财产损失。

但是，由于城中村的出租房屋数量极大，且都是私人空间，如何保障消防设施正常运行是一大难题。在D村的调查中发现，个别村民只安装了消防喷淋的喷头，却未将消防喷淋的水管接到自来水给水管，使得喷淋沦为"摆设"。还有村民反映，烟感设施长期不使用，又缺乏必要的维护，存在电池老化无法启动的风险。

可见，由于城中村出租房屋量大面广，如果缺少有效的运行维护和监督机制，安全隐患仍然存在。

6.3 北京城中村安全治理策略

通过对D村这一典型城中村的分析可以看出，在北京城中村安全隐患治理过程中，综合改造成本高、居民非正规使用意愿强、后期管理难度大等问题普遍存在，且很难通过大规模的政府干预解决。理想的安全隐患治理标准与城中村非正规建设使用管理之间的矛盾，是北京大多数城中村在今后很长一段时期面临的主要挑战。如何解决好管制措施与村民利益之间的矛盾，实现对非正规空间安全隐患的常态化管理，是城中村治理的关键。应对这一问题，W村采取的人性化、柔性化、精细化、智慧化的治理方式取得了较好成效，其主要经验总结如下。

6.3.1 将非正规空间纳入正规监管

城中村要实现非正规空间的全面正规化无疑要经历一个漫长的过程，因而村民非正规出租与政府正规管理之间的矛盾也将长期存在。基于这一认识，W村在对村民违规出租四层及以上房屋的问题上，既没有采取"猫抓老鼠"的做法，将村民置于自己的对立面，使四层及以上空间出租行为成为一种"地下"行为；也没有采取"睁一只眼、闭一只眼"不作为的态度，任由村民自行其是；而是将包括四层及以上房间在内的所有出租房屋纳入监管范围，实行统一管理。这一看似"违规"的做法，既体现了村委会人性化的治理思路，同时也体现出村委会主动担当的勇气。

6.3.2 采取柔性措施补救刚性短板

针对城中村出租房屋疏散楼梯不足这一最为棘手的问题，W村采取了柔性的补救措施。对于确实不具备安装外挂消防楼梯条件的房屋，W村通过设置爬梯外加防护围栏的做法，并配备多条逃生绳，以实现《整治标准》在原有楼梯之外再增设1部疏散楼梯的要求。城中村这类非正规空间由于建设的标准和质量相对较低，刚性的硬件设施往往很难达到规范要求，柔性的替代措施因而成为提高标准的有效做法。不仅如此，W村还加强了对城中村火灾的重要源头——电动自行车充电设施的建设。W村在远离出租房屋的位置集中设置数量充足的电动车充电桩，并每隔若干个充电桩增设一面隔板，以最大限度地降低由于电池自燃引发火灾造成的财产损失。

6.3.3 网格化管理保障设施正规运行

为了保障消防设施的正常运行，同时也为弥补房屋不符合消防规范的先天不足，W村采用网格化管理的方式，加强对村庄消防安全的常态化管理。W村将村庄划分为4个管理网格，每个管理网格覆盖约30个宅基地。每个网格配备5名管理人员，由网格长、网格员、村"两委"协管员，以及物业公司相关管理人员组成。网格员通过"日巡、周评、月查"机制，负责网格内的安全生产、环境保护、信访维稳、日常巡查等工作。在消防设施的运行维护方面，W村采取"谁出租、谁负责"的原则，由房东负责消防设施的维护更新，在房东微信群上报灭火器的年检情况，并配合网格员开展定期消防安全检查。网格员在检查中一旦发现消防隐患或者违规行为，立即上报消防安全微信群，并且监督房东及时整改。同时，W村也充分考虑到老人等行动不便村民的需求，这类群体可通过村内消防站联系检测员上门对灭火器进行送检。这些常态化的管理措施有效避免了消防设施"形式化"的问题。W村通过网格化管理的方式化大为小、化繁为简，形成对出租房屋较为完备的常态化管理体系，保障了非正规空间的正规运行。

6.3.4 运用智慧手段形成治理共同体

如果说网格化管理有效实现了村委会对村民出租行为和租户使用行为的监管，那么物业化管理和智慧门禁系统则促成了村委会与村民结成治理共同体，实现对租户的双重管理。

W村于2017年率先在昌平区依托村集体股份经济合作社成立村物业公司，为村民和租户提供垃圾清运、安全保障、环境改善等服务。物业公司有工作人员50余名，包括保安、保洁、消防、应急管理等，其中村民有20人。2018年，W村又利用镇政府专项资金搭建智慧化管理系统，为自建房加装了165台智慧门禁系统，对村内6953名租户的信息进行登记。该系统利用人脸识别系统管控人员进出单元门，并具有防止门禁卡复制功能，实现了对出租人员的动态监管，有效应对了租户更换频繁以及群租的风险，同时也保障了城中村的治安秩序。

为了支撑物业队伍和门禁体系的正常运转，W村又探索了激励性的物业费缴纳机制。W村从2018年开始向租户收取每人每月30元的物业费，并与门禁系统联动管理。如果房东所管辖租户的物业费缴纳率达到95%以上，物业公司将返还给房东1/3的物业费。这一举措大大激励了房东督促租户缴费的积极性，实现了物业、村民和租户的多方共赢。目前，W村物业公司每年有300多万元的经营收入，能够覆盖管理成本，支撑正规化管理体系的持续运行。

在此基础上，W村还依托物业公司整治"二房东"出租行为不规范的问题，加强对非正规空间的统一出租管理。W村的"二房东"数量较少，由六七个"二房东"管理村内约10%的出租房屋。村委会通过物业公司，一方面对现有"二房东"开展定期的规范房屋出租行为的培训，另一方面利用村内显示屏统一发布房屋出租信息，实现房屋出租的透明化管理，同时还将村内闲置房屋逐步收归物业公司统一管理。这些措施有效规范了"二房东"的出租行为，抑制了"黑中介"赚取差价的可能，维护了村民的切身利益，也避免了村民自主管理能力不足的局限性。

本章围绕安全隐患防范这一城中村基层治理的核心议题，对数量最为广泛的保留型城中村自主整治提升的实施路径进行探讨。通过对北京市城乡接合部两个典型城中村的案例分析，梳理了城中村的发展历程、建筑布局特征和建设管理模式，分析了城中村非正规空间整治提升工作开展的情况及其效果，归纳了非正规空间在安全隐患治理过程中面临的固有格局难达消防规范、违规利用带来潜在风险、消防设施难保正常运行等普遍性问题。可以看出，当前城中村非正规的居住状态不是一日形成的，有其复杂的历史成因，既与相关制度建设滞后、长期疏于管理有关，同时也由于涉及村民的切身利益，在治理过程中不可避免地存在矛盾和冲突。但城中村非正规居住空间的一系列问题也不是无法解决，在各级政府的重视下和相关政策规范的跟进下正得到逐步改善。例如，W村将非正规空间纳入正规监管，采取柔性措施补救刚性短板，网格化管理保障设施正规运行，并运用智慧手段形成治理共同体，取得了较好效果，其人性化、柔性化、精细化、智慧化的治理经验值得借鉴。总结北京城中村综合整治实践探索，主要有以下几个方面的启示。

首先，发挥村集体在非正规空间正规管理中的主导作用。非正规居住空间的治理是一个长期的过程，不可能一蹴而就。对于漫长的"不达标"的过渡期，既不能简单"一刀切"，只应付运动式检查，也不能以默许的方式不作为，纵容安全隐患的滋生，而应将非正规空间纳入监管，保证基本的安全底线。在基层治理的过程中，村集体作为连接政府和村民的关键环节，能否将来自政府自上而下的正规管理规定与来自村民和租户自下而上的对非正规空间的合理诉求对接最为关键。W村将包括4层及以上房间在内的所有出租房屋纳入监管范围，很好地体现了基层管理者的责任担当和以人为本的治理理念。

其次，根据实有人口配备管理人员，支撑村庄全面精细化管理。W村之所以能够实现全覆盖、高质量管理，一个重要前提是村庄规模较小。W村有常住人口7000余人，村民自建房约110栋，而作为北京市一般城中村代表的D村，则有常住人口4.5万，村民自建房约500栋。对于规模较大的一般城中村，政府有关部门应根据村庄实际居住人数进行村庄管理人员配置，并给予相应的管理经费支持，以支撑城中村划定合理的管控单元，开展精细化管理。

再次，构建"村集体—村民—租户"安全治理共同体。为应对城中村出租房屋数量大、租户流动率高，以及村民和"二房东"管理水平不一的问题，W村创造性地在村民和租户结成经济共同体的基础上，通过物业化和网格化管理，并利用智慧化技术和创新性制度，构建了村集体与村民和租户的安全治理共同体

（图6-7）。W村在硬件上通过安装集中控制的智慧门禁系统，保障村民和租户的防盗安全，在软件上通过网格化的巡查管理，保障村民和租户的消防安全，从而构建起了对租户的双重保障。

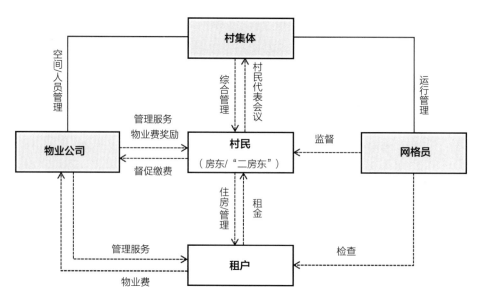

图6-7 村集体与村民和租户结成安全治理共同体

最后，利用技术手段和制度创新，保障管理经费的可持续运转。对非正规居住空间开展正规管理的一个重要基础就是管理经费的自给自足。W村在管理过程中，一方面将门禁系统与物业费缴纳相关联，获得来自租户的物业费；另一方面通过物业费返回奖励机制，调动房东督促租户缴纳物业费的积极性，提升物业费缴纳率。这一制度设计实现了城中村物业管理的自我运转，支撑了城中村高标准的管理水准，其对出租房屋的管理水平甚至超过了一般的城市社区，经验值得借鉴。

说明：本章内容已发表，详见：陈宇琳，朱辰宇，翟灿灿. 非正规居住空间的正规管理——北京城中村综合整治的挑战与应对［J］. 北京规划建设，2023（5）：165-174.

第 7 章

结论：走向
包容性城市更新

当代中国之于非正规空间，既是最好的时代，也是最坏的时代。一方面，中国在快速城镇化过程中，城市用地迅速扩张，城市建设如火如荼，城市景观剧烈变迁，为非正规空间的合理利用提供了很大的空间，非正规空间的正效应也得以充分发挥；另一方面，大量非正规空间涌现于城乡，种类、形态各异，权属关系复杂，给城市治理带来前所未有的挑战，简单取缔很难奏效，而弥补非正规空间的正向功能又需要支付高昂的成本。回溯计划经济时代以来住房和社区建设的历程可以发现，非正规居住空间在中国并不都是以一种问题的形式存在。在传统街区，大杂院和平房区等非正规空间是解决住房和公共服务短缺的有效手段；在商品房社区，非正规空间解决了居住区公共服务设施和公共空间供给不足的问题，并通过对消极空间的积极利用为社区带来活力；在流动人口社区，城中村等非正规住房为流动人口进入城市提供了落脚之处。当前中国大城市正处于从增量扩张向存量提升的转型期，不论是弥补过去城乡建设的短板，还是面向未来人居发展的高质量目标，非正规空间治理都是城市更新的重大命题。如何通过智慧的处理方式，合理地利用、规范、提升非正规空间，对于中国大城市社会和经济的可持续发展至关重要。

本书从非正规居住空间治理理论出发，构建"准入—使用—运行"分析框架，并通过对巴西圣保罗、美国纽约、中国深圳和北京等国内外非正规居住空间治理创新实践的剖析，展现了非正规居住空间就地更新的多种路径。更新类型涵盖改造力度最小的综合整治、局部范围的更新改造、较大范围的改造升级，乃至全新的开发建设；治理方式既有政府主导，也有市场主导，还有社会主导。尽管这些实践仍有不完美之处，进行大范围推广尚存挑战，但其都践行了包容性发展的理念，并在制度层面有所突破创新。总结全书，非正规居住空间治理对于深化包容性城市更新的理念和策略具有以下启发。

7.1 包容性城市更新理念

7.1.1 非正规实践是推动正规制度完善的重要引擎

我国当前出现的诸多非正规居住现象是与城市快速大规模建设相伴相生的，在很大程度上与现有土地制度、保障房制度、公众参与制度等正规制度建设不完备有关。例如，由于法律法规尚不健全，对农村地区、城乡接合部、城市边角地块等空间缺乏必要的管治，导致对非正规空间建设的忽视；在保障房建设过程中，由于地方政府缺乏多元的资金渠道，建设动力不足，难以满足流动人口快速增长的住房需求；在城市扩展和改造过程中，由于缺乏充分的公众参与，造成违规空间的残留。尹稚教授曾对非正规实践与正规实践的关系有过精辟的概括："现代城市规划是一个立规矩的过程，所有正规化进程都源于非正规化。一方面先进超前的东西都源自非正规化探索，另一方面很多规则来源于对非正规风险教训的总结与防控"（叶裕民 等，2020a）。非正规实践为城市规划管理者提供了一面反思城市发展的镜子，因此，应积极看待非正规实践对建章立制的推动作用，并据此对城市发展的薄弱环节作出相应的制度安排，推进非正规实践向正规制度转化。北京市大兴区两次城中村火灾事故发生后，全国各大城市相继出台村民自建出租房屋消防安全隐患整治相关规定，并形成常态化监管机制，这一转变就是非正规实践推动正规制度不断健全的最好例证。

7.1.2　非正规实践是正规制度保障功能的有益补充

城市的非正规空间往往是政府保障不足的产物，发挥着"对社会救济和社会福利的补充"功能（尹稚语，见：叶裕民 等，2020a）。从城市非正规活动治理的经验看，如果只堵不疏，采取运动式取缔或拆除的做法，往往只能短期见效，长期难以达到预期效果（Zhang，2018）。从国际非正规现象的发展趋势看，非正规现象并非只在发展中国家才有，在发达国家也普遍存在。例如，在美国，受到全球化、去管制思潮和移民增长等国际因素，以及经济不稳定、社会福利削减和失业率上升等国内因素的影响，非正规现象呈不断蔓延的趋势（Mukhija et al.，2014；Mukhija et al.，2015）。由此可见，非正规性内嵌于正规的制度框架，只要正规制度尚不完善，就有非正规实践生存的空间，二者此消彼长，从不同路径共同推动城市发展。因此，应充分认识非正规空间所承担的保障功能，并正视非正规空间存在的长期性，对非正规实践采取常态化的接纳机制而非运动式的排斥行动。纽约市政府将非正规地下室纳入"安居纽约计划"，并通过规范调整，为非正规地下空间的合法化提供路径；圣保罗市政府通过划定特别社会利益区，让不符合常规规划标准的非正规住房的土地使用权合法化成为可能。这些探索都体现出其对非正规空间社会保障功能的充分认识。

7.1.3　非正规实践是激发正规制度活力的关键环节

非正规实践是民众自下而上应对政府供给不足而采取的主动策略，由于其更贴近百姓需求，因而具有极强的能动性、创造性和灵活性。很多富有活力的城市空间都并非出自正规的规划设计，从鲁道夫斯的"没有建筑师的建筑"（鲁道夫斯，2011），到雅各布斯的"多样性"公共空间（雅各布斯，2005），都展现出人们基于日常生活实践的场所营造的动人之处。因此，政府在制定规则时，不仅应给予非正规探索一定的生存空间，还应主动为非正规空间进行战略预留，在保障安全底线的前提下，赋予基层更多的权力，提升空间的弹性和活力。中国传统村落的村规民约、单位大院时期的自我管理，都积累了丰富的基层自治经验。在"后单位大院"的社区时代，如何划定政府管理和基层自治的界限，如何赋予规划管控一定的弹性，如何构建合理的规划决策机制，都是城市更新迫切需要探讨的问题。在圣保罗贫民窟更新过程中，负责特别社会利益区更新改造的管理委员会由同样数量的政府官员和居民代表组成，共同决策社区更新方案，并基于对社区居民调查确定需要新建的公共服务设施类型。在纽约地下空间合法化实践中，社会组织的可行性研究推动政府将非正规地下室纳入住房计划，进而又经过社区组织、研究机构和政府部门的综合论证，支撑规范修编，最终推动试点项目落地。这些案例都彰显出非正规实践的无限活力，而包容性的制度安排正是这些活力得以保留并最终撬动正规制度变革的关键。

7.2 包容性城市更新策略

　　对于非正规居住空间治理，国内外学术界一直存在争论，即应该将非正规空间正规化，还是应该鼓励非正规空间自由发展？基于包容性城市更新理念，如果无视非正规实践所代表的现实需求，采取简单"推倒重建"的正规化方式，难免陷入"上有政策、下有对策"的尴尬境地，这不仅会影响政府的公信力，甚至会阻碍国家法治化的进程（陈映芳，2013）；但若因此不作为，不加以必要的监管，则又可能导致事态发展失控，给人民群众带来生命财产损失。因此，治理非正规居住空间，既不能简单正规化，也不能放任不管，而应通过"适度化"和"渐进式"的正规化治理加以积极干预——不是消除非正规空间，而是在发扬非正规空间正效益的同时尽可能降低其负效益。如果按照二元主义、新自由主义和新马克思主义三种非正规性治理的逻辑划分，此观点当属于新马克思主义理论。这也是发展中国家非正规住房政策研究相关文献大多支持的观点（如Payne，1977；Peattie，1979；Mukhija，2003；Birch et al.，2016）。

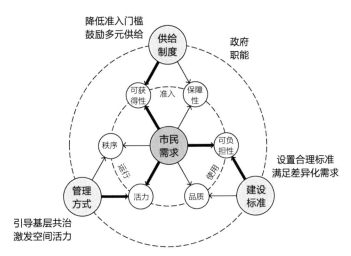

图7-1 非正规居住空间包容性治理分析框架

基于非正规居住空间产生的"准入—使用—运行"分析框架,在非正规居住空间治理过程中,应将政府职能与百姓需求相结合,在保障性与可获得性、品质与可负担性、秩序与活力之间找到平衡点。下面分别从准入、使用和运行三个维度分析非正规居住空间的治理对策(图7-1)。

7.2.1 准入维度:降低准入门槛,鼓励多元供给

准入维度干预的关键在于政府能否扩大具有保障性的空间资源供给,让民众有更多的机会获得必要的居住空间。在三个维度中,准入层面的非正规问题相对容易解决,因为所谓的正规与否是由政府认定的,一旦纳入监管,就可以实现规范化管理,赋予空间必要的保障。尽管由于公共资源的有限性,政府不可能无限制地提供保障,但若没有监管作为前提,保障安全这一民生底线则无从谈起。

为此,首先应将满足民众合理居住需求的城中村、地下室等非正规居住空间纳入城市住房体系,通过改造提升将其转化为保障性住房。在巴西圣保罗贫民窟更新案例中,地方政府通过划定特别社会利益区的方式,将贫民窟纳入《战略总体规划》和《城市住房规划》,并制定综合性的行动指南,推动基础设施的完善和住房质量的提升,其经验值得借鉴。类似地,纽约市政府在多方力量的推动下,在"安居纽约计划"中明确将地下室居住单元纳入监管范围,并在后续规划中提出合法化的具体措施,为我们制定包容性的住房规划提供了有益参考。在深

圳城中村就地升级案例中，面对建筑无合法产权且不满足消防规范的现实困境，政府通过行政许可的方式为开发商参与城中村改造提供担保，保障了租赁协议的有效性，不失为准入方面的一种制度创新。2019年，深圳市颁布《深圳市城中村（旧村）综合整治总体规划（2019—2025）》，开始在全市层面探索将城中村纳入政策性住房保障体系。

其次，还应充分发挥市场和社会的力量，通过激励机制，引导多元主体参与住房建设，扩大住房供给渠道。近年来我国推行的利用农村集体建设用地建设租赁住房的试点工作，是扩大住房用地供给的重要探索。从北京试点情况看，如何更好地激发市场主体参与的积极性，是工作可持续开展的关键。需要在现有制度基础上，合理设定政府管控边界，同时加强金融、财政、监管等方面的配套制度建设。

最后，应保障非正规住房在正规化之后仍能以较低的成本运行。非正规住房被纳入城市住房体系后，大多并非由政府直接管理，在市场作用下难免存在绅士化的可能。这就需要政府未雨绸缪，提前做好制度设计，确保非正规住房持续发挥低成本住房的功能。例如，深圳市在引入市场力量对城中村进行就地升级后，就出现了租金上涨的趋势，深圳市政府配合《深圳市城中村（旧村）综合整治总体规划（2019—2025）》，出台《深圳市人民政府关于规范住房租赁市场稳定住房租赁价格的意见》，以调控城中村规模化租赁的租金。纽约市在地下室合法化改造工作中，要求参与改造的业主签署附加条款，根据地区收入中位数控制首次出租的租金，并对每年租金上涨的比例加以控制，以保障改造后房主继续以较低的租金租给租客，这些做法值得参考。

7.2.2 使用维度：设置合理标准，满足差异化需求

非正规居住空间与正规空间相比，除了不受政府监管，还有一个较为普遍的特征，就是建设成本相对较低，空间品质也相应较差。因而从使用维度对非正规居住空间的干预相对复杂，因为往往需要大量的资金投入才能切实提升非正规居住空间的质量。在此过程中，政府需要作出一系列抉择，例如，是提供可负担性更强的小户型以满足更多人的需求，还是让少数人住上品质更高的住房？是先降低标准，让人们更快地住进相对正规的住房，还是坚持高标准，花更长的时间来满足人们的住房需求？因此使用维度干预的关键在于政府设定什么样的空间标准和时间周期，为人们提供更多负担得起的居住单元。

为此，首先应摸清非正规居住空间现状，了解空间提升需求，对资金进行统

筹安排。非正规空间的改造是一个逐步推进的过程，提升的程度和提升的覆盖面与政府财政密切相关。因而需要摸清家底，才可能精准施策。巴西圣保罗市政府通过搭建统一的信息平台，对贫民窟进行综合评价，进而为其匹配最合适的升级计划，有效保障了政府投资的效益最大化，其经验值得借鉴。在纽约地下室空间改造过程中，非营利性组织通过持续的社区调查，摸清地下室潜在住房资源的数量和分布，对推动政府开展地下室改造发挥了关键作用。

其次，应从弱势群体的基本生存需求出发，设定合理的住房标准，满足民众的差异化需求。过去，我国政府财力相对有限，只能采用非正规的方式安置技术人员居住、安排下岗工人就业，这些做法虽是困难时期的无奈之举，却有效解决了百姓的基本生存问题。时至今日，虽然城镇居民人均居住面积已显著提升，但对大城市很多外来人口和低收入群体而言，安全、卫生、能够满足日常起居仍是其对居住空间的核心诉求。因此，非正规住房首先应当依据这一需求制定标准。巴西圣保罗市政府针对贫民窟颁布了专门的建设规范，并对住房安全、基础设施和公共服务短缺等短板制定了针对性的改造措施。通过设定有限的改造目标，圣保罗市得以在更大范围内保障低收入群体体面生活的权利。与此同时，圣保罗市还在住宅设计中预留了可加建的空间，以应对未来居民改善居住条件的可能。在北京市集体土地建设租赁住房的试点工作中，开发商之所以参与积极性不高，除集体土地住房无法进入正规房地产市场外，公共服务设施配建标准过高也是一个原因。因而政府在制定公共服务设施配建标准时，需要综合考虑建设成本，避免因为标准过高而使成本转嫁给使用者。

最后，对于那些无法通过改造达到规范要求的非正规居住空间，需要探索技术创新，为非正规空间向正规空间转变提供可能。在现实的非正规实践中，还存在很多"先天不足"的空间，即这类空间无论如何改造，都无法达到规范的要求。对于这类在非正规空间治理中最具挑战的空间，纽约地下室合法化改造极具借鉴意义。根据既有规范，纽约的地下室必须有一半以上的净空在室外地坪之上才可能住人。为了扩大可利用地下室的范围，纽约市市民住房规划委员会组织了一系列住房更新论坛，让人们认识到相较于地下室净空高出地面的比例，消防安全与采光通风才是更为本质的问题。最终，纽约市政府通过了规范调整，即如能满足增设一条直通室外的独立应急通道等消防要求，高出地面比例不足一半的地下空间也可用于居住，并通过一些创新做法，适当放宽了规范对窗户及其可开启部分的要求。总之，纽约市通过建筑技术的论证，推动相应法律法规调整，在不降低安全健康底线的前提下，使原本非正规的空间具有正规化的可能，对我国相关实践极具启发。

7.2.3　运行维度：引导基层自治，激发空间活力

对于非正规空间的运行，如果都采用正规化的干预方式，难免需要支付高昂的管理成本，这也是中国大城市在治理非正规空间时多采取运动式而非持续性治理的原因。那么，如何让非正规居住空间在运行过程中，既能有效落实政府的管理规定，保障有序运转，同时又能不乏活力，实现可持续地运行？其关键在于政府能赋予基层多少自我管理的权利，让使用者能根据自身的需求参与空间决策。

首先，应赋予基层一定的自主权，保障非正规住房的安全运行。在非正规住房运行的过程中，基层管理者时常面对"一般性"规定与"特殊性"现实之间的矛盾，甚至可能长期处于无章可循的"真空地带"。在这种情况下，政策的"变形"与执行的"变通"是同步发生的。这就需要基层管理者在保障安全的前提下，因地制宜，弹性治理。在北京城中村治理案例中，W村村委会出于"应管尽管"的原则，在"刚性"与"弹性"之间找到结合点，进行了有效的管理，其经验值得借鉴。

其次，搭建多元共治的决策机制，促进非正规社区的全面提升。在巴西圣保罗贫民窟更新案例中，特别社会利益区管理委员会由数量相等的政府工作人员和贫民窟居民代表构成，保障了贫民窟就地升级工作从方案设计、施工建设到后期运行全过程都充分听取居民的意见。同时，大量社会组织的介入有效提升了居民的自治能力。在贫民窟改造后，居民围绕废品回收由主业自发成立的回收协会，不仅运转良好，而且带来了居民收入水平的显著提升。与发展中国家自发形成的贫民窟不同，我国大城市的城中村都有自己的自治组织——村委会。在城中村治理过程中，如何在既定的集体建设用地范围内，既能提供数量充足的安全居住单元，又能提供必要的公共服务设施，这就需要在私人空间和公共空间之间找到平衡。这一目标的实现，有赖于构建包括政府、基层管理者、房东和租户等多元主体在内的包容性的协商机制，通过充分的调查和沟通，达成行之有效的提升方案。

再次，利用好技术手段，支撑基层管理的可持续性。中国大城市的城中村租户多、流动频繁，对日常管理提出了很高的要求。不论是引入专业的管理团队，还是由村集体和村民自行管理，都需要解决好两个关键问题：一要消除高密度居住状态下的安全隐患问题，二要有稳定的资金来源支撑管理支出。在北京城中村综合整治案例中，W村村集体将智慧化门禁系统与物业费缴纳机制联动起来，既加强了对租户的安全保障，又解决了物业和网格化管理的经费来源问题，形成了良好的自运行机制，对城中村日常运行管理具有很强的启发。

非正规居住空间是全球范围的普遍现象，以城中村为代表的中国非正规居住空间，与拉美和南亚等地区的贫民窟具有一定相似性，但也有其特殊性。中国的非正规居住空间因涉及产权所有者的获利行为，相较贫民窟建设者占地建房的单一主体行为更为复杂。尽管如此，中国非正规居住空间的提供者因其对社会需求的敏锐嗅觉，成为一支重要的市场力量，为缓解大城市保障性住房短缺这一世界难题提供了不完美但有效的解决方案。

非正规居住空间的包容性治理是对包括发展理念、制度设计、技术标准等在内的治理能力的全方位考验。面向包容性城市更新，首先需要在理念上正视非正规力量灵活且低成本的优势，认可非正规空间的价值。不论是借鉴全球非正规住房治理的实践经验，还是面向提高我国城乡存量空间利用效率的现实需求，非正规居住空间的正规化都是大势所趋。其次，在制度层面需要综合考虑准入、使用和运行的可行性，对非正规居住空间开展"系统化"的规划管理和"渐进式"的整治提升，为非正规居住空间的正规化提供制度通道。值得注意的是，非正规空间的正规化并不是对违规行为的无视甚至是纵容，而是需要通过合理的制度设计将违规行为纳入管控，并避免产生新的不公平。再次，需要在技术层面探索"适度化"改造标准，为非正规空间的正规化提供技术阶梯。中国地域辽阔，南北方差异巨大，"一刀切"的治理标准既不合理也不现实，迫切需要各地在安全、健康的前提下进行技术的突破创新，为非正规空间走出无章可依的管理真空地带、逐步正规化提供可能。

相信随着各级政府和社会各界对非正规居住空间的日益关注，我国非正规居住空间治理工作必将进入一个新的阶段。热切期待非正规居住空间包容性治理能从个案突破走向制度变革，为我国城镇化下半场探索出一条更多元、更和谐、更美好的创新之路！

参考文献

ALBOUY D, EHRLICH G, 2018. Housing productivity and the social cost of land-use restrictions [J]. Journal of Urban Economics, 107: 101-120.

ALI I, ZHUANG J, 2007. Inclusive growth toward a prosperous Asia: policy implications[R]. Asian Development Bank.

ALLMENDINGER P, 2017. Planning theory [M]. Macmillan International Higher Education.

ALSAYYAD N, 2004. Urban informality as a "new" way of life [M] //ROY A, NEZAR A. Urban informality: transnational perspectives from the middle East, latin America, and south Asia. Oxford Lexington Books.

BIRCH E L, CHATTARAJ S, WACHTER S M, 2016. Slums: how informal real estate markets work [M]. Philadelphia: University of Pennsylvania Press.

BUDDS J, TEIXEIRA P, 2005. Ensuring the right to the city: pro-poor housing, urban development and tenure legalization in São Paulo, Brazil [J]. Environment and Urbanization, 17 (1): 89-114.

CASTELLS M, PORTES A, 1989. World underneath: the origins, dynamics, and effects of the informal economy [M] // PORTES A, CASTELLS M, BENTON L A. The informal economy: studies in advanced and less developed countries. The Johns Hopkins University Press.

CHEN Y, LIU C Y, 2019. Self-employed migrants and their entrepreneurial space in megacities: a Beijing farmers'market [J]. Habitat International, (83): 125-134.

Cidade de São Paulo Habitacão, 2008. Urbanização de Favelas: A Experiência de São Paulo [M]. São Paulo: Boldarini Arquitetura e Urbanismo.

DE SOTO H, 1989. The Other Path: the invisible revolution in the Third World [M]. New York: Harper & Row.

DE SOTO H, 2000. The mystery of capital: why capitalism triumphs in the west and fails everywhere else [M]. New York: Basic.

FRANÇA E, COSTA K P, 2012. Plano municipal de habitação: a experiência de São Paulo. v.1 [M]. São Paulo: Secretaria Municipal de Habitação.

FRANÇA E, COSTA K P, CYRILLO M O V, 2011. Vila Nilo [M]. São Paulo: Secretaria Municipal de Habitação.

GAN X, CHEN Y, BIAN L, 2019. From redevelopment to in situ upgrading: transforming urban village governance in Shenzhen through the lens of informality [J]. China City Planning Review, (4): 18-29.

GROSS J, 1993. The "magic of the mall": an analysis of form, function, and meaning in the contemporary retail built environment [J]. Annals of the Association of American Geographers, 83 (1): 18-47.

HART K, 1973. Informal income opportunities and urban employment in Ghana [J]. Journal of Modern African Studies, 11 (1): 61-89.

HERLING T, FRANÇA E, 2009. Social housing in São Paulo: challenges and new management tools [R]. Washington, D.C.: World Bank.

HUANG G, XUE D, LI Z, 2014. From revanchism to ambivalence: the changing politics of street vending in Guangzhou [J]. Antipode, 46 (1): 170-189.

HUANG Y, YI C, 2015. Invisible migrant enclaves in Chinese cities: underground living in Beijing, China [J]. Urban Studies, 52 (15): 2948-2973.

IBGE, 2010. Censo Demográfico 2010 Aglomerados subnormais: primeiros resultados [M]. Rio de Janeiro: Instituto Brasileiro de Geografia e Estatística.

International Labour Office, 1972. Employment, incomes and equality: strategy for increasing productive employment in Kenya [R]. International Labour Office, Geneva.

KAMRAVA M, 2004. The semi-formal sector and the Turkish political economy [J]. British Journal of Middle Eastern Studies, 31 (1): 63-87.

KIM A M, 2016. The extreme primacy of location: Beijing's underground rental housing market [J]. Cities, 52: 148-158.

LIU Y, HE S, WU F, et al., 2010. Urban villages under China's rapid urbanization: unregulated assets and transitional neighbourhoods [J]. Habitat International, 34 (2): 135-144.

LÓPEZ A, FRANÇA E, COSTA K P, 2010. Cortiços: a Experiência de São Paulo [M]. São Paulo: HABI Superintendência de Habitação Popular.

MARQUES E, 2016. São Paulo in the twenty-first century: spaces, heterogeneities, inequalities [M]. Abingdon: Routledge.

MARQUES E, SARAIVA C, 2017. Urban integration or reconfigured inequalities? Analyzing housing precarity in São Paulo, Brazil [J]. Habitat International, 69: 18-26.

MOSER C O N, 1978. Informal sector or petty commodity production: dualism or dependence in urban development? [J]. World development, 6 (9-10): 1041-1064.

MUKHIJA V, 2003. Squatters as developers? Slum redevelopment in Mumbai [M]. Aldershot, England: Ashgate.

MUKHIJA V, LOUKAITOU-SIDERIS A, 2014. The informal American city: beyond taco trucks and day labor [M]. Cambridge, MA: Massachusetts Institute of Technology Press.

MUKHIJA V, LOUKAITOU-SIDERIS A, 2015. Reading the informal city: why and how to deepen planners' understanding of informality [J]. Journal of Planning Education and Research, 35 (4): 444-454.

OYEYINKA O, 2010. São Paulo: a tale of two cities [M]. Nairobi: UN-Habitat: 108-144.

PASTERNAK S, 2010. Loteamentos irregulares no município de São Paulo: uma avaliação espacial urbanística [J]. Planejamento e Políticas Públicas (34): 131-170.

PAYNE G K, 1977. Urban housing in the third world [M]. London: Hill.

PEATTIE L, 1979. Housing policy in developing countries: two puzzles [J]. World Development, 7 (11-12): 1017-1022.

PERLMAN J E, 1976. The myth of marginality: urban poverty and politics in Rio de Janeiro [M]. Berkeley: University of California Press.

PRATT A, 2019. Formality as exception [J]. Urban Studies, 56 (3): 612-615.

REN X, 2018. Governing the informal: housing policies over informal settlements in China, India, and Brazil [J]. Housing Policy Debate, 28: 79-93.

ROY A, 2005. Urban informality: toward an epistemology of planning [J]. Journal of the American Planning Association, 71 (2): 147-158.

ROY A, 2009. Why India cannot plan its cities: informality, insurgence and the idiom of urbanization [J]. Planning Theory, 8 (1): 76-87.

ROY A, 2011. Slumdog cities: rethinking subaltern urbanism [J]. International Journal of Urban and Regional Research, 35 (2): 223-238.

SCHOON S, ALTROCK U, 2014. Conceded informality: scopes of informal urban restructuring in the Pearl River Delta [J]. Habitat International, 43: 214-220.

TIAN L, 2008. The Chengzhongcun land market in China: boon or bane? A perspective on property rights [J]. International Journal of Urban and Regional Research, 32 (2): 282-304.

TURNER J, 1977. Housing by people: towards autonomy in building environments [M]. London: Boyars.

UN-habitat, 2003. The challenge of slums: global report on human settlements 2003 [M]. UK & USA: Earthscan Publications Ltd.

WANG Y P, WANG Y, WU J, 2009. Urbanization and informal development in China: urban villages in Shenzhen [J]. International Journal of Urban and Regional Research, 33 (4): 957-973.

World Bank, 2015. World inclusive cities approach paper [R]. World Bank.

World Bank, Development Research Center of the State Council, the People's Republic of China, 2014. Urban China: toward efficient, inclusive, and sustainable urbanization [R]. World Bank.

WU F, 2016. Housing in Chinese urban villages: the dwellers, conditions and tenancy informality [J]. Housing Studies, 31 (7): 852-870.

WU F, ZHANG F, WEBSTER C, 2013. Informality and the development and demolition of urban villages in the Chinese peri-urban area [J]. Urban Studies, 50 (10): 1919-1934.

WU W, 2002. Migrant housing in urban China: choices and constraints [J]. Urban Affairs

Review, 38(1): 90-119.

YIFTACHEL O, 2009. Critical theory and "gray space": mobilization of the colonized [J]. City, 13(2-3): 246-263.

YUAN D, YAU Y, BAO H, 2020. A framework for understanding the institutional arrangements of urban village redevelopment projects in China [J]. Land use policy, 99.

ZHANG J, 1997. Informal construction in Beijing's old neighborhoods [J]. Cities, 14(2): 85-94.

ZHANG Y, 2018. The credibility of slums: informal housing and urban governance in India [J]. Land Use Policy(79): 876-890.

ZHAO P, 2017. An "unceasingwar" on land development on the urban fringe of Beijing: a case study of gated informal housing communities [J]. Cities(60): 139-146.

ZHAO P, ZHANG M, 2018. Informal suburbanization in Beijing: an investigation of informal gated communities on the urban fringe [J]. Habitat International(77): 130-142.

ZHENG S, LONG F, FAN C C, et al., 2009. Urban villages in China: a 2008 survey of migrant settlements in Beijing [J]. Eurasian Geography and Economics, 50(4): 425-446.

包路芳，2010. 北京市"城中村"改造与流动人口城市融入 [J]. 新视野（2）：67-69.

陈天，王佳煜，石川淼，2023. 巴西贫民窟协作式规划对我国城中村治理的启示——以贝洛奥里藏特市为例 [J]. 国际城市规划，（3）：116-125.

陈煊，魏小春，2013. 城市街道空间的非正规化演变——武汉市汉正街的个案（1988—2013年）[J]. 城市规划，（4）：74-80.

陈映芳，2013. "违规"的空间 [J]. 社会学研究，（3）：162-182.

陈宇琳，2015a. 北京望京地区农贸市场变迁的社会学调查 [J]. 城市与区域规划研究，（2）：73-99.

陈宇琳，2015b. 特大城市外来自雇经营者的市民化机制研究——基于北京南湖大棚市场的调查 [J]. 广东社会科学，（2）：204-213.

陈宇琳，2019. 中国大城市非正规住房与社区营造：类型、机制与应对 [J]. 国际城市规划，34（2）：40-46.

陈宇琳，郝思嘉，2021. 特大城市非正规地下居住空间合法化改造研究——以纽约实践为例. 国际城市规划，（6）：1-8, 47.

陈宇琳，朱辰宇，翟灿灿，2023. 非正规居住空间的正规管理——北京城中村综合整治的挑战与应对 [J]. 北京规划建设，（5）：165-174.

程晓青，尹思谨，程晓喜，等，2016. 体制外居住 [M]. 北京：清华大学出版社.

楚建群，赵辉，林坚，2018. 应对城市非正规性：城市更新中的城市治理创新 [J]. 规划师，34（12）：122-126.

冯晓英，2010. 论北京"城中村"改造：兼述流动人口聚居区合作治理 [J]. 人口研究，34（6）：55-66.

冯晓英, 2013. 北京重点村城市化建设的实践与反思［J］. 北京社会科学,（6）: 6-62.

福田辖区城中村课题组, 2006. 福田区城中村改造研究报告［R］. 福田辖区城中村课题组.

谷建军, 2019. 出租屋消防隐患评估及整治对策探讨［J］. 消防科学与技术, 38（12）: 1782-1785.

顾朝林, 盛明洁, 2012. 北京低收入大学毕业生聚居体研究——唐家岭现象及其延续［J］. 人文地理, 27（5）: 20-24, 103.

郭永沛, 贺一舟, 梁湉湉 等, 2020. 集体土地建设租赁住房试点政策研究——以北京市为例［J］. 中国软科学,（12）: 94-103.

国家统计局, 2022. 中国人口普查年鉴2020［M］. 北京: 中国统计出版社.

洪千惠, 陈宇琳, 2023. 包容性视角下非正规住房治理研究——以巴西圣保罗为例［J］. 国际城市规划,（4）: 83-90.

黄宝华, 2018. 利用集体建设用地建设租赁住房情况调查［J］. 中国土地,（11）: 36-38.

黄耿志, 李天娇, 薛德升, 2012. 包容还是新的排斥?——城市流动摊贩空间引导效应与规划研究［J］. 规划师,（8）: 78-83.

黄耿志, 薛德升, 2009. 中国城市非正规就业研究综述——兼论全球化背景下地理学视角的研究议题［J］. 热带地理,（4）: 389-393.

黄耿志, 薛德升, 2011a. 国外非正规部门研究的主要学派［J］. 城市问题,（5）: 85-90.

黄耿志, 薛德升, 2011b. 1990年以来广州市摊贩空间政治的规训机制［J］. 地理学报,（8）: 1063-1075.

黄颖敏, 薛德升, 黄耿志, 2017. 国外城市非正规性研究进展及启示［J］. 人文地理, 32（4）: 7-14.

晋璟瑶, 林坚, 杨春志, 等, 2007. 城市居住区公共服务设施有效供给机制研究——以北京市为例［J］. 城市发展研究, 14（6）: 95-100.

李梦晗, 2020. 北京市集体土地租赁住房规划实施机制初探［D］. 北京: 清华大学.

李梦晗, 陈宇琳, 王崇烈, 2021. 风险—收益视角下的北京集体土地租赁住房开发模式研究［J］. 北京规划建设,（3）: 44-49.

李明烨, 马格尔哈斯, 2019. 从城市非正规性视角解读里约热内卢贫民窟的发展历程与治理经验［J］. 国际城市规划, 34（2）: 56-63.

李强, 陈宇琳, 刘精明, 2012. 中国城镇化"推进模式"研究［J］. 中国社会科学,（7）: 82-100.

刘昕, 2010. 城市更新单元制度探索与实践——以深圳特色的城市更新年度计划编制为例［J］. 规划师, 26（11）: 66-69.

刘一瑶, 徐苗, 陈瑞, 2017. 立交桥下"失落空间"的非正规性发展及其更新策略研究——以重庆杨公桥立交为例［J］. 西部人居环境学刊,（5）: 42-51.

卢文杰, 程佳佳, 方菲雅, 2020. 广州市城中村微改造行动规划探索——以仑头村为例［J］. 城市发展研究, 27（5）: 94-100.

鲁道夫斯, 2011. 没有建筑师的建筑: 简明非正统建筑导论 [M]. 高军, 译. 天津: 天津大学出版社.

吕俊华, 彼德·罗, 张杰, 2003. 中国现代城市住宅1840—2000 [M]. 北京: 清华大学出版社.

缪春胜, 覃文超, 水浩然, 2021. 从大拆大建走向有机更新, 引导城中村发展模式转型——以《深圳市城中村（旧村）综合整治总体规划（2019—2025）》编制为例 [J]. 规划师, 37（11）: 55-62.

彭剑, 刘应明, 陈永海, 2010. 浅析消防体制对城市消防规划编制的影响——以《深圳市消防规划》为例 [J]. 城市规划学刊, (S1): 128-132.

邱婴芝, 刘义, 林赛南, 等, 2018. 二十一世纪西方"比较城市研究"进展与述评 [J]. 人文地理, 33（1）: 8-15.

桑亚尔, 2019. 发展中国家非正规住房市场的政策反思 [J]. 陈宇琳, 译. 国际城市规划, 34（2）: 15-22.

邵挺, 田莉, 陶然, 2018. 中国城市二元土地制度与房地产调控长效机制 [J]. 比较, (6): 116-149.

宋志刚, 陈硕, 白羽, 2008. 昆明市城中村火灾事故统计分析 [J]. 安全与环境学报, 8（6）: 112-116.

田莉, 2019. 从城市更新到城市复兴: 外来人口居住权益视角下的城市转型发展 [J]. 城市规划学刊, (4): 56-62.

田莉, 吴雅馨, 严雅琦, 2021. 集体土地租赁住房发展: 政策供给何以失灵——来自北上广深的观察与思考 [J]. 城市规划, 45（10）: 89-94, 109.

田莉, 姚之浩, 2018. 中国大城市流动人口: 家居何方? [J] 比较, (1): 194-207.

万成伟, 于洋, 2021. 公共产品导向: 多中心治理的城中村更新——以深圳水围柠盟人才公寓为例 [J]. 国际城市规划, 36（5）: 138-147.

王晖, 龙元, 2008. 第三世界城市非正规性研究与住房实践综述 [J]. 国际城市规划, (6): 65-69.

韦长传, 仝德, 袁玉玺, 等, 2022. 城中村研究热点及区域差异——基于CiteSpace的文献计量分析 [J]. 地域研究与开发, 41（3）: 68-74.

魏立华, 闫小培, 2005a. "城中村": 存续前提下的转型——兼论"城中村"改造的可行性模式 [J]. 城市规划, (7): 9-13, 56.

魏立华, 闫小培, 2005b. 中国经济发达地区城市非正式移民聚居区——"城中村"的形成与演进——以珠江三角洲诸城市为例 [J]. 管理世界, (8): 48-57.

文超, 杨新海, 文剑钢, 等, 2017. 基于"城市针灸"的城中村有机更新模式探究 [J]. 城市发展研究, 24（11）: 43-50.

吴克宁, 冯喆, 黄保华, 2019. 北京市集体建设用地建设租赁住房试点典型实例调查 [J]. 中国土地, (6): 22-24.

吴良镛, 2001. 人居环境科学导论 [M]. 北京: 中国建筑工业出版社.

吴良镛，2003. 序［M］// 吕俊华，彼得·罗，张杰. 中国现代城市住宅: 1984—2000. 北京: 清华大学出版社.

吴维平，王汉生，2002. 寄居大都市：京沪两地流动人口住房现状分析［J］. 社会学研究，（3）：92-110.

吴晓，2003. "边缘社区"探察——我国流动人口聚居区的现状特征透析［J］. 城市规划，（7）：40-45.

肖俊，李志刚，2016. 21世纪西方城市研究的"城市化"转向［J］. 城市规划，（12）：98-105.

徐苗，陈瑞，2018. 城市非正规性及其规划治理的中外研究比较评述［J］. 规划师，（6）：19-28.

徐勤贤，窦红，2010. 巴西政府对城市低收入阶层住房改造的做法和启示［J］. 城市发展研究，17（9）：121-126.

雅各布斯，2005. 美国大城市的死与生［M］. 金衡山，译. 南京：译林临出版社.

严雅琦，田莉，王崇烈，2020. 利用集体土地建设租赁住房的实践与挑战——以北京为例［J］. 北京规划建设，190（1）：97-101.

杨震，赵民，2002. 论市场经济下居住区公共服务设施的建设方式［J］. 城市规划，26（5）：14-19.

姚之浩，田莉，范晨璟，等，2018. 基于公租房供应视角的存量空间更新模式研究：厦门城中村改造的规划思考［J］. 城市规划学刊，（4）：88-95.

叶裕民，2015. 特大城市包容性城中村改造理论架构与机制创新——来自北京和广州的考察与思考［J］. 城市规划，（8）：9-23.

叶裕民，徐苗，田莉，等，2020a. 城市非正规发展与治理［J］. 城市规划，（2）：44-49.

叶裕民，张理政，孙玥，等，2020b. 破解城中村更新和新市民住房"孪生难题"的联动机制研究——以广州市为例［J］. 中国人民大学学报，34（2）：14-28.

银昕，姚冬琴，张燕，2017. 北京案例：集体土地如何助力租赁市场？［J］. 中国经济周刊，（46）：21-24.

尹强，王佳文，吕晓蓓，2011. 新型城市发展观引领深圳城市总体规划［J］. 城市规划，35（8）：72-76.

俞丹青，赵伟，2015. 城中村消防安全管理模式探究［J］. 消防技术与产品信息（4）：59-61.

袁奇峰，马晓亚，2012. 保障性住区的公共服务设施供给——以广州市为例［J］. 城市规划，（2）：24-30.

张磊，2015. "新常态"下城市更新治理模式比较与转型路径［J］. 城市发展研究，22（12）：57-62.

张理政，叶裕民，2022. 城中村更新治理40年：学术思想的演进与展望［J］. 城市规划，46（5）：103-114.

张墨宁，2011. 北京地下空间生存战［J］. 南风窗，（3）：50,52,54.

张艳，朱潇冰，瞿琦，等，2021. 深圳市城中村综合整治的整体统筹探讨［J］. 现代城市研究（10）：36-42.

赵静，薛德升，闫小培，2008. 国外非正规聚落研究进展及启示 [J]. 城市问题（7）：86-91.

周子书，2015. 重新赋权——北京防空地下室的转变 [J]. 装饰（1）：24-25.

邹兵，2013. 由"增量扩张"转向"存量优化"——深圳市城市总体规划转型的动因与路径 [J]. 规划师，29（5）：5-10.

后记

2010年初我从清华大学建筑学院博士毕业之际,导师吴良镛先生推荐我去社会学系跟随李强教授做博士后。吴先生多次回忆起自己当年在清华旁听费孝通先生讲"乡村社会学"课程的情景,他说正是那段经历为他之后从建筑学走向广义建筑学,进而走向广阔的人居环境科学开拓了思路。吴先生希望我到社会学系系统学习社会学知识,找到人居环境科学与社会学的"接口"。

我正是在社会学系旁听李强老师的"城市社会学"课程时,第一次接触到非正规居住空间的概念。至今我仍清晰地记得李老师讲课时的情景,李老师说:"贫民窟不仅是空间上的衰败,更是生活上的绝望。但中国的城中村不是贫民窟,你们看,住在城中村的外来人口多勤劳啊,我们的城中村里住的是城市里最有希望的群体。"正是在李老师的启发下,2010年秋和2013年夏,我利用出国开会的契机,探访了肯尼亚内罗毕和巴西里约热内卢的贫民窟,对贫民窟的认识逐渐立体。

促成本书写作的直接原因是2017年在美国麻省理工学院SPURS项目访学期间,中美两国不同的非正规居住形态引起了我的兴趣,而当年年底北京大兴城中村的火灾事故则让我感到非正规居住空间研究的紧迫性。访学期间,我有幸与麻省理工学院比什·桑亚尔(Bish Sanyal)教授、巴拉克里希南·拉贾戈帕尔(Balakrishnan Rajagopal)教授就非正规居住空间治理问题进行了多次探讨,并聆听了以色列本—古里安大学奥伦·伊夫塔切尔(Oren Yiftachel)教授和美国加州大学洛杉矶分校安娜亚·罗伊(Ananya Roy)教授两位在非正规城市研究领域最有影响力的国际学者的精彩演讲。与国际学者的交流极大地拓展了我的学术视野,也让我看到非正规空间是全球南方乃至全球范围国家的普遍现象。访学结束后,我有幸前往纽约市城市规划局进行访问交流,并与玛丽莎·拉戈(Marisa Lago)局长和克里斯托弗·霍姆(Christopher Holme)就纽约移民的住房问题进行了深入讨论,使我进一步拓展了从规划管理视角对非正规住房的认识。

基于共同的学术兴趣,我与同期在美访学的重庆大学徐苗老师组织《国际城市规划》杂志"非正规经济下的城市发展与规划响应"专辑,并在2019年中国城市规划年会中召集举办"城市非正规发展与治理"学术对话。在本次学术对话上,中国人民大学叶裕民教授、清华大学尹稚教授和田莉教授、华南理工大学王世福教授等专家的发言给我启发良多，让我意识到非正规空间研究不应止步于概念的探讨，而应探索改变现实的路径。在2020年首都区域空间规划研究实验室年会上，清华大学毛其智教授、吴唯佳教授和武廷海教授对我的初步研究成果给予了悉心指导，北京市城市规划设计研究院石晓冬院长和赵怡婷就地下空间更新提供了难得的合作研究机会。自2020年以来，相关成果在中国城市规划学会规划实施分会年会进行交流，李锦生主任委员、同济大学赵民教授、深圳市规划国土发展研究中心邹兵总工程师等专家提出了宝贵建议。

清华大学研究生课程"城市社会学研究专题"一直是我教学相长的平台。博士学习期间，这门课程就给我打开了一扇社会学的窗户。自2016年加入该课程教学团队以来，讲授内容从非正规就业空间治理逐步拓展到非正规居住空间治理，课程负责人张杰教授富有洞见的评论和同学们的提问总给我带来新的启发。

本书成稿以来得到多位师长、学者和朋友的支持与帮助。衷心感谢中国人民大学叶裕民教授、中国城市规划学会规划实施分会李锦生主任委员、清华大学张杰教授为本书提出宝贵意见并赐序。本书部分内容来自我发表在《城市规划（英文版）》（*China City Planning Review*）、《国际城市规划》及《北京规划建设》等期刊上的论文。感谢合作者们在研究过程中作出的诸多贡献，他们是：清华大学博士、深圳大学甘欣悦老师对深圳城中村治理的研究，并得到清华大学边兰春教授的特别指导；清华大学硕士、北京市城市规划设计研究院规划师李梦晗对北京集体土地租赁住房的研究，并得到北京市城市规划设计研究院王崇烈所长的特别指导；北京建筑大学和清华大学联合培养的本科生朱辰宇、清华大学硕士研究生翟灿灿对北京市城中村综合整治的研究；清华大学硕士研究生洪千惠对巴西圣保罗贫民窟治理的研究；清华大学本科生、伦敦大学学院硕士郝思嘉对美国纽约地下室合法化改造的研究。同时还要感谢徐冉、黄翊两位编辑，本书的顺利出版离不开她们的辛勤付出。

最后，还要感谢我的家人。你们对我无条件的支持和包容，让我可以心无旁骛地工作。你们在日复一日的辛劳中始终保持对生活的无比热爱，激励我不断前行。本书献给你们。

希望本书对非正规居住空间治理的初步探索能为我国新时期的包容性城市更新工作有所启发，不足之处敬请各位同仁批评指正。

陈宇琳

2023年7月于清华园